관계는 감정이다

소통을 위한 감정 조절부터 표현 연습까지

관계는 감정이다

ⓒ 노은혜 2022

1판 1쇄 2022년 3월 10일
1판 3쇄 2022년 11월 28일

지은이 노은혜
펴낸이 유경민 노종한
기획편집 유노북스 이현정 함초원 조혜진 **유노라이프** 박지혜 구혜진 **유노책주** 김세민 이지윤
기획마케팅 1팀 우현권 이상운 **2팀** 정세림 유현재 정혜윤 김승혜
디자인 남다희 홍진기
기획관리 차은영
펴낸곳 유노콘텐츠그룹 주식회사
법인등록번호 110111-8138128
주소 서울시 마포구 월드컵로20길 5, 4층
전화 02-323-7763 **팩스** 02-323-7764 **이메일** info@uknowbooks.com

ISBN 979-11-92300-03-0 (03190)

소통을 위한 감정 조절부터 표현 연습까지

관계는 감정이다

"감정이 풀려야
관계도 풀린다!"

노은혜 지음

유노
북스

인간관계의
해답은
감정에 있다

코로나19 바이러스로 인한 거리 두기가 한참 도입될 무렵 상담사로서 신기한 변화를 보게 됐습니다. 바로 상담을 받는 사람들이 눈에 띄게 줄어든 점입니다. 물리적으로 거리를 두게 되자 인간관계로 생긴 마음의 어려움도 줄어들며 숨통이 트인 것 같다는 말을 듣곤 합니다. 이를 통해 많은 사람이 인간관계 때문에 힘들어한다는 사실을 다시 한 번 알게 됐습니다.

하지만 비대면 세상이 찾아와도 인간관계는 여전히 어렵습니다. 관계는 우리에게 살아갈 힘을 주기도 하지만 마음을 닫고 세상과 멀어지게 만들기도 합니다. 마음이 우울하고 힘이 들 때 가까운 사람의 따뜻한 말과 행동은 나를 무너뜨리는 우울감을 견딜 만한 것으로 바꿔 놓습니다. 반면 비난하는 말을 듣거나 관계에 갈등이 생기면 그 속상함이 나를 삼킬 만큼 커져서 손발을 묶고 아무것도 못 하게 만들기도 하죠.

당신의 인간관계가 힘든 이유

말로 상처 주는 사람들로부터 마음을 지키기 위한 방법은 전작 《말이 상처가 되지 않도록》에서 나눴습니다. 하지만 현명한 말의 기술을 가졌더라도 여전히 말 때문에 상처받고 무너지는 사람들을 만나며 '좋은 무기도 마음의 힘이 있어야 쓸 수 있겠다'는 생각이 들었습니다. 적절한 말을 전해도 상대방이 받아들이지 못해서 좌절감을 겪기도 하고, 대응하기도 전에 감정을 주체할 수 없어서 아무 말도 하지 못하거나 폭발하기도 합니다. 이런 사람들의 공통점은 자신의 감정을 붙들 힘이 없다는 것입니다.

이런 이유로 관계에서 상처받고 무너질 때 우리를 지탱해 줄 해답을 '감정'에서 찾아보려 합니다. 서로에게 상처 주는 관계를 반복하는 사람들은 대부분 자신의 감정을 다스리지 못합니다. 어떤 사람은 꾹 참다가 어느 순간 참을 수 없는 지경에 다다르고 그동안 억눌렀던 감정을 쏟아 냅니다.

"내가 참다 참다 말하는데, 너 때문에 얼마나 힘든지 알아?"

화를 내는 것 자체는 잘못되지 않았습니다. 화는 적절하게 낼 줄만 알면 그동안 하지 못했던 말을 용기 있게 전할 수 있으니까요. 하지만 조절되지 않은 화는 문제가 됩니다. 상대방 역시 과격한 표현으로부터 자신을 보호하기 위해 "너만 힘들어? 나도 못 견디겠어"라고 응수하면 관계는 더욱 악화됩니다.

어떤 사람은 친구 관계에서 불편한 일을 겪고 너무 화가 나서 속마음을 말하기로 다짐합니다. 그는 자신의 감정을 폭발시키지 않고 그동안 자신의 마음 상태가 어땠는지 설명했습니다.

"네가 나한테 일방적으로 요구할 때마다 내 감정은 무시되는 것 같아서 힘들어."

이렇게 운을 띄우며 개선돼야 할 부분을 차근히 설명했습니다. 이 사람은 화를 표현한 것을 후회하지 않았습니다. 화를 폭발시키지 않고 조절해서 자신의 욕구와 마음을 전하는 도구로 사용했기 때문입니다. 덕분에 그는 친구와 일정한 거리를 유지하면서 서로 비난하지 않고 존중하는 관계가 될 수 있었습니다.

똑같이 '화'라는 감정을 표현했는데 결과가 이렇게 달라지는 이유는 뭘까요? 감정이 느껴지는 대로 쏟아 냈는가, 아니면 조절해서 표현했는가의 차이입니다. 부정적인 감정을 다 쏟아 내는 것과 감정을 다스리며 표현하는 것은 분명 다릅니다.

감정을 다스리면 관계에 변화가 찾아온다

우리는 감정을 표현하는 방법을 배워야 합니다. 꾹 참았다가 폭발하듯 쏟아 내는 감정은 관계를 깨트리기 쉽습니다. 순간적으로 차오르는 감정을 견디면서 언제 표현할지, 또는 표현하지 않을지 선택할 수 있어야 합니다. 무턱대고 감정을 폭발시키면 밀려오는 수치심과 죄책감으로부터 우리 자신을 지킬 수 없습니다. 돌아서서 후회하지 않을 감정 표현 방법을 터득해야 합니다. 감정을 조절하는 일은 나 자신의 성숙과 관계의 성숙을 위해 꼭 필요합니다.

저 역시 한때 감정을 다스리지 못해서 인간관계가 매우 힘들었습니다. 내 안에 해소되지 못한 감정이 너무나 컸기에 상대방의 감정을 미처 헤아리지 못했습니다. 그래서 감정이 조절될 수 있다는 것은 대단히 낯선 이야기였습니다.

상담사의 길을 걷기 시작하고 감정을 이해하게 되자 관계는 훨씬 편안해졌습니다. 제가 관계를 어려워했던 이유는 제 안에 해결되지 않은 진득한 감정들 때문입니다. 제가 유독 힘들어했던 사람은 제가 훨씬 이전에 용서하지 못했던 사람과 닮은 그림자였고, 유독 싸움의 불씨가 됐던 말은 오래전부터 저의 감정을 건드렸던 말이었습니다.

저는 관계를 다스리기 위해 감정의 구조, 감정이 드나드는 길, 유독 취약한 감정을 들여다보기 시작했습니다. 관계를 흔드는 원인이 외부에 있다고 느낄 땐 삶이 지난했는데, 실은 작은 자극에도 쉬이 흔들리는 내부의 감정들 때문이라는 점을 바로 보게 된 것입니다.

감정이 변하면 관계가 치유되고 회복됩니다. 감정은 우리가 세상을 생생하게 느끼게 하고 우리가 원하는 것을 알려 주는 친구입니다. 하지만 헤아리고 보살피지 않으면 과격하고 본능적으로 분출되며 다른 사람의 마음을 다치게 하는 위험한 존재이기도 하죠.

저는 독자 여러분에게 이런 감정이라는 친구를 소개해 주고 싶습니다. 감정의 성격과 성질, 감정이 취약한 부분과 감정이 좋아하는 것, 감정이 유독 힘들어하는 상황들까지 말이죠. 자신의 감정이 자주 아파하는 진짜 이유를 발견하고, 나아가 각자의 마음에 머무는 벗으로 받아들이게 될 때 여러분 자신과의 관계에도, 여러분을 힘들게 하는 사람과의 관계에도 변화가 생길 것입니다. 격렬한 감정을 돌볼 수 있다면 여러분은 스스로를 통제할 수 있습니다. 그러면 자신의 모습을 받아들이기도 수월해지고 이리저리 휘둘리지 않고 소중한 관계를 끝까지 지켜 낼 수 있을 것입니다.

관계 때문에 어려움을 겪고 있나요? 상대방에게 받은 상처 때문에 힘든가요? 그건 감정이 당신에게 꼭 들려주고 싶은 메시지가 있다는 뜻이기도 합니다.

'너, 더 이상 상처받고 싶지 않구나.'
'너는 사랑과 돌봄이 필요했구나.'

감정의 원리와 생각을 들여다보면 여러분의 마음에 숨은 욕구와 바람을 알아차릴 수 있게 될 겁니다. 그리고 나를 뒤흔들었던 그 아픈 관계가 실은 나에게 중요한 의미와 가치를 깨닫게 해 주는 삶의 선생과도 같은 존재였음을 알게 되는 날이 오리라 생각됩니다.

우리 함께 감정을 발판 삼아 나를 이해하고 관계를 다스릴 수 있는 여정을 떠나 봅시다.

1장

나도 나를 모르고
너도 너를 모른다

감정 이해하기

2장 ✦ 이 사람과 잘 지내려면 어떻게 해야 할까?

감정 조절하기

3장

대화하고 돌아서면
후회하지 않도록

감정 표현하기

1장

나도 나를 모르고
너도 너를 모른다

감정
이해하기

나는
내 마음과
얼마나 친할까?

친구들 간에 다툼이 있는 상황이다. 둘은 서로를 격렬하게 비난하고 자신만이 옳다고 이야기한다. 목소리가 큰 사람이 맞는 말을 하는 것처럼 들리듯, "이건 분명 네가 잘못한 거야"라는 말을 들은 쪽은 제대로 항변하지 못하고 움츠러든다. 이처럼 다툼에는 흑과 백, 이기고 지는 자, 잘못한 자와 잘못을 꾸짖는 자만 있다.

반대로 화해 과정은 어떨까? 화해에는 상대방의 잘못뿐만 아니라 자신의 잘못에 대한 고백도 있다. 이분법적인 사고에서 벗어나 너와 나의 사정이 고려된다. 나도 아팠고 너도 아팠으니 연민의 마음으로 서로의 상처를 보듬을 수 있다.

내 마음과의 관계 역시 이와 유사하다. 자기 마음과 다툰 사람은 자신이 무엇 때문에 힘들었고 슬펐는지 표현하길 어려워한다. 그래서 주변 사람과 갈등이 생겨도 '내가 문제가 있어서 그런 일을 당한 거야'라며 자신을 탓하거나 '저 사람이 내 삶을 망쳤어'라며 상대방을 탓한다. 누군가를 원망하거나 비난하는 마음만 생긴다.

반면 자기 마음과 사이가 좋으면 갈등이 생겨도 상대방과 나를 동시에 고려할 수 있다. 상대방을 이해하면서 나의 섭섭함 또한 분명히 알고 표현할 수 있는 것이다.

"이런 부분은 내가 잘못했지만, 이런 부분은 좀 섭섭해."

이렇게 두 가지 마음을 고려할 수 있는 상태를 마음의 통합이라고 부른다. 그런데 마음이 분열을 일으키면 통합은 일어날 수 없다. 모든 것을 흑과 백으로 나눈다.

마음이 분열된 상태란 나는 가치가 없고 상대가 전적으로 옳거나, 나를 아주 사랑하거나 혹은 아주 미워하거나, 내가 다 잘못했거나 상대방이 다 옳다고 생각하는 것처럼 중간이 없는 상태다. 전부이거나 전무(全無)만 있다. 그래서 끊임없이 상대를 미워하게 되고, 상대가 차마 미워할 수 없는 대상이라면 자기 자신에게 미움의 화살을 돌린다.

좋거나 싫거나
당신이 모 아니면 도를 외치는 이유

이런 현상을 잘 설명할 수 있는 것이 대상관계 이론이다. 대상관계 이론에 따르면 분열이 일어나는 이유는 우리의 마음이 좋은 대상과 나쁜 대상을 꼭 갈라야 하기 때문이다. 갓 태어난 아기는 '좋음', '나쁨' 두 가지로만 대상을 구별한다. 엄마가 자신의 필요를 채워 주면 좋은 대상이고 그렇지 않으면 나쁜 대상이 된다. 아기는 엄마에게 좋은 점과 나쁜 점이 함께 있다고 생각하지 못한다.

학자 멜라니 클라인은 이런 원초적인 마음 상태를 편집-분열 자리라고 말한다. 아이는 이 원초적인 마음에 머물다가 나를 행복하게 해 주는 엄마가 내 욕구를 채워 주지 못할 때도 있음을 경험하고 여러 좌절감을 느끼면서 성장한다. 포기할 수밖에 없는 것을 알게 되면서 완벽한 엄마에 대한 환상이 깨지는 우울 자리로 발달하게 된다.

한 사람에게 좋은 면과 나쁜 면이 공존할 수 있다는 걸 알게 되는 우울 자리로 나아가려면 조건이 있다. 받아들일 수 있을 정도의 좋은 경험과 나쁜 경험을 충분히 하는 것이다. 때로는 내 욕구를 좌절시키고 원하는 대로 다 해 주지 못하는 엄마이지만 그래도 함께 있으면 좋고 사랑받는 느낌이 들 때 마음이 통합될 수 있다.

그러나 나쁜 경험이 너무 크면 통합은 어려워진다. 예를 들어 부모가 아이의 감정을 알아주지 못했거나, 아이를 학대하거나, 아이와 중요한 순간마다 늘 함께하지 못했다면 아이는 좌절, 두려움, 공포를 크게 경험한다. 그러면 마음이 우울 자리로 발전하지 못하고 편집-분열 자리에 머물게 된다.

아기는 나쁜 대상으로부터 자신을 지켜야 하기 때문에 엄마를 나쁜 대상으로 인식한다. 그리고 그 위협에서 자신을 보호하기 위해 경계를 늦추지 않는다. 결국 스스로를 지키기 위해 분열 자리에 머무르며 완벽한 관계를 찾게 되는 것이다.

안타깝게도 분열 자리에 머무는 사람들은 나쁜 대상의 나쁜 짓을 끊임없이 경험하기 때문에 나쁜 짓을 당하는 나도 나쁜 사람으로 느낀다. 누군가가 자신에게 끊임없이 나쁜 짓을 하는데 어떻게 그걸 당하는 자신이 좋게 느껴질 수 있을까? 이런 이유로 분열 자리에 있는 사람들은 자신이 좋은 사람이라고 느끼지 못하고 스스로를 평가 절하하곤 한다.

세상에 100% 좋은 사람, 100% 나쁜 사람은 없다

감정이 잘 성장하여 통합되면 관계에서 누릴 수 있는 장점이 많다.

첫 번째, 도망 다니지 않게 된다.

인간관계에 서툰 사람은 자신에게 조금만 위협적이거나 부정적인 감정을 들게 하는 사람을 100% 나쁘게 보기 때문에 피하거나 공격한다. 늘 도망 다니기 바쁘고 상대방을 공격하려는 사람은 삶이 전쟁터 같다. 그런 탓에 감정이 늘 롤러코스터를 타는 것처럼 격렬하다. 좋을 때는 내 주변 사람들이 모두 천사 같고, 나쁠 때는 온 세상이 자신을 공격하는 것 같다. 경험하는 감정이 0 아니면 100으로 진폭이 너무나 크다.

두 번째, 이 세상에 천사도 악마도 없다는 사실을 깨닫는다.

천사처럼 보이는 사람도 악한 구석이 있고, 악마처럼 보이는 사람도 선의가 있다는 사실을 받아들일 수 있다. 그래시 통합의 여정에는 우울 자리라는 용어 그대로 외로움과 우울감을 느낄 수밖에 없다. 100% 좋은 사람처럼 보여도 사실은 그 안에 이기심, 자만심, 교만함이 있다는 걸 알게 되면 내가 이상적으로 생각하고 최고라고 여겼던 대상도 그저 그런 대상으로 바뀌며 환상이 깨지기 때문이다. 그래서 '조금은 허무하다', '외롭다'는 표현을 쓰기도 한다.

세 번째, 감정이 요동하는 일이 적어진다.

상대방뿐만 아니라 스스로를 악마처럼 생각하거나 과도하게 이상화하지 않게 되니 혼란스러움과 모호함도 줄어든다. 또한 자신과 상대가 가진 장점에서 단점을 보기도 하고, 단점을 경험하면서 장점을 기대할 수도 있게 된다. 그러므로 더 이상 도망 다니지 않아도 되고, 관계는 편안해지며, 상대방을 이해할 수 있는 범위 또한 넓어진다. 편안한 관계를 유지하면서 슬픔, 즐거움, 행복, 기쁨, 안쓰러움 등 여러 감정을 내가 통제하면서 누릴 수 있다.

상담 치료에서는 편집-분열 자리에서 우울 자리로 넘어가도록 돕는 작업을 하기도 한다. 분열 자리에서 우울 자리로 넘어간 사람들은 자신이 만났던 나쁜 대상이 너무나 가혹했다는 것을 이야기하고 자신에 대한 슬픔을 오롯이 느낀다. 다시 말해 나쁜 행위를 한 사람이 나쁘지 당하는 나는 연민의 마음으로 보듬어야 할 존재임을 알게 되는 것이다.

그리고 '좋은 대상을 경험하고 싶었다'는 숨겨진 기대와 좌절된 욕구, 바람, 소망을 털어놓으며 자신의 진짜 감정을 이해하게 된다. 나아가 내 마음을 힘들게 한 상대방이 그렇게밖에 할 수 없었던 이유를 깨달으면서 동시에 좋았던 경험들까지 함께 고려할 수 있게 된다. 나쁜 대상과 좋은 대상이 하나로 묶이는 통합의 자리로 나아가며 인간관계에 더 유연해진다.

이것이 나 자신과 화해하고 다른 사람과 잘 소통하는 첫걸음이다.

감정을
억누르지 말고
허락하라

그렇다면 나 자신과 화해하려면 어떻게 해야 할까? 한 가지 사례를 통해 알아보자.

상담실을 찾아온 보영 씨는 이 세상에 자신을 공격하려는 폭군들이 가득하고, 아무런 이유 없이 꼬투리를 잡는 비상식적인 사람들만 존재한다고 생각했다. 그녀가 이렇게 생각하게 된 이유는 편집-분열 자리에 머물러 있었기 때문이다. 이런 생각이 반복되자 결국 자신이 나쁜 사람이라서 나쁜 사람들을 만나게 됐다는 잘못된 생각에 사로잡혔다.

보영 씨가 바라본 세상은 보영 씨의 내면세계가 반영된 것이다. 그렇다면 무엇이 보영 씨를 내면과 화해하지 못하고 스스로를 부정적으로 바라보게 만들었을까? 보영 씨는 잊히지 않는 기억 한 가지를 이야기했다. 그녀는 어린 시절에 자신이 훔치지 않은 물건을 가져갔다고 고래고래 소리를 지르는 옆집 아주머니를 떠올렸다. 억울한 마음에 눈물이 그렁그렁한 채로 집으로 돌아가 이야기하자 엄마는 이렇게 말했다.

"네가 그런 의심을 받는 건 네 행실에 문제가 있어서야. 너 같은 딸을 둔 엄마가 죽일 년이지. 어서 아줌마한테 빌러 가지 않고 뭐 해?"

가장 자신의 마음을 헤아려 주길 바랄 때, 엄마는 도리어 거세게 비난하며 보영 씨의 머리채를 잡고 옆집 아주머니 앞에 꿇어앉혔다.

인생이 억울하고 슬픈 이유는 감정이 억압됐기 때문이다

보영 씨가 살아온 세상은 누구도 자신을 보호해 주지 않는 곳이었고, 억울하고 슬픈 마음은 늘 내팽개쳐졌다. 보영 씨의 마음에는 유독 비난하는 말, 지적하는 말, 탐탁지 않게 여기는 말이 잘 끌어당겨졌다. 전부 나쁜 대상으로부터 자신을 보호하기 위해서였다. 아무도 자신을 보호해 주지 않으니 스스로 더 예민하게 촉을 세울 수밖에 없었던 것이다.

그래서 그녀의 레이더에는 칭찬보다는 비난과 비판이 더 많이 걸려들었다. 그럴수록 그녀의 세상에는 나쁜 대상이 점점 더 늘어났고, 나쁜 대상과 엮이는 자신 역시 나쁜 사람이라는 생각이 강화되며 악순환이 이어졌다.

'나를 이해하는 사람은 이 세상에 아무도 없어. 내가 문제가 있으니까 다들 나를 공격하고 비난하는 거겠지.'

실제로 분열 자리에 있는 사람들은 투사적 동일시를 사용해서 잘못된 믿음을 반복적으로 갖고 실현한다. 투사적 동일시란 자신이 가진 신념을 상대방에게 투사하여 상대가 '이런 사람일 거야', '나를 이렇게 대할 거야'라고 가정한 다음 실제로 그런 면이 나타나도록 유도하는 것이다.

쉽게 말해서 실제로 상대방이 자신을 비난하지 않았더라도 비난을 받을 때까지 자신도 모르게 이해받지 못할 행동을 저지른다. 그리고 상대방이 자신의 믿음대로 행동하는 모습을 보며 안도하기도 한다. 자신의 잘못된 신념과 믿음을 현실로 만드는 심리적 원리다.

보영 씨와 나는 분열 자리에서 벗어나기 위해 그녀의 깊은 상처를 애도하는 여정을 가졌다. 먼저 너무나 가혹했던 엄마에 대한 미움을 마주했다. 엄마 때문에 자신의 마음이 얼마나 처절했고, 초라했고, 슬펐는지 주의를 기울였다.

지금까지 보영 씨는 감정을 다양하게 느낄 수 없었다. 왜냐하면 감정이란 비빌 곳, 이해받을 곳이 있을 때 느낄 수 있는 것이기 때문이다. 그러나 보영 씨는 자신의 감정을 받아 줄 대상과 환경이 없었다. 그래서 무의식적으로 감정을 마비시킬 수밖에 없었다. 이렇게 되면 내면에서 보내는 감정의 신호가 왜곡된다.

마음과 화해하지 못한 사람들이 감정 조절을 어려워하는 이유도 이것 때문이다. 이들은 내면에서 울리는 정서적 신호를 잘 알아차리지 못한다. 내 마음이 상대방에게 받아들여지겠다는 기대가 없어서 감정을 억압하고 자신의 마음을 왜곡하기 때문이다.

이렇게 감정이 흘러가지 못하고 마음속에 고이면 무의식에 힘을 보태게 된다. 과거에 자신을 가혹하게 대했던 사람들의 모습을 그대로 따라 해서 스스로를 가혹하게 대하고 세상이 자신을 공격한다는 잘못된 신념을 갖는 것이다.

억눌린 슬픔을
해소하라

게슈탈트 심리 치료에서는 우리 삶에 미해결된 과제가 있고, 그로 인해 억압된 감정과 충동이 현재에 영향을 미친다고 말한다. 억압된 감정과 충동이 해소될 때까지 우리의 주의를 끌려는 것이다. 그래서 누군가 자신의 억울함과 분노를 알아주길 바라며 사람들을 시험하기도 한다.

다시 말해 보영 씨의 마음에 억울함, 분노가 해소되지 않은 채 방치돼 있다면 사소한 일에도 억울함과 분노를 쉬이 경험하게 된다.

사실 이 억압된 감정은 양육자가 알아주고 보살펴 줘야 했던 것들이다. 그 욕구가 좌절됐기에 미해결된 감정을 주변 사람들에게 적절하지 못한 방식으로 요구한다. 마음은 이렇게 억압된 감정을 해소하려 애를 쓴다. 그러다가 다른 사람에게 이해받지 못할 행동을 하며 관계를 악화시키기도 한다.

인간관계를 잘하고 싶다면 먼저 내 마음과 화해해야 한다. 그러기 위해서 먼저 나의 마음속 세계, 왜곡된 감정의 세계로 들어가 보자. 과거의 나를 만나고 그때 그 상황에 처한 아이의 마음을 알아주자. 나의 억눌린 슬픔을 느끼도록 애써야 한다.

내 마음을 탐구하다 보면 그동안 단순히 슬픔, 분노로 표현됐던 억울함과 좌절감이 터져 나올 때가 있다. 이때 감정이 충분히 터져 나오도록 허락해 주는 것, 감정을 억누르지 않고 허락하는 여정을 지난다면 나 자신과의 화해는 멀지 않다.

방어막을
걷어 내면
새로운 내가 보인다

앞서 이야기한 사례의 보영 씨는 자신의 마음과 화해하지 못했다. 그래서 공격적인 말과 태도로 사람들을 대했다. 이를 변화시키기 위해 그녀는 억눌린 감정의 세계로 들어갔고, 그 당시 표현했어야 할 감정과 마주하기 시작했다.

무력했던 과거를 떠올리며 감정을 느껴 보려 했지만 처음에는 두려운 감정이 너무 커서 쉽지 않았다. 그럴 때면 신체적인 느낌에 집중했다. 그녀는 상담을 진행하면서 가슴이 두근거리고 손에 힘이 풀리는 느낌을 경험했다.

나는 "그런 감각이 보영 씨에게 어떤 감정을 알려 주는 것 같아요?"라고 질문하며 그녀가 억압됐던 감정들에 차츰차츰 다가

가도록 도왔다. 작업이 진행되며 보영 씨는 자신의 머리채를 잡고 무릎을 꿇렸던 무정하고 가혹한 엄마를 연기하는 내 앞에서 그 당시에 표현하고 싶었던 분노를 꺼내기 시작했다.

"왜 그때 나를 그 무서운 아줌마 앞에 데려다 뒀어? 나는 너무 무서웠어. 억울하고 슬펐어. 엄마만큼은 내 편이 돼 줬어야지!"

감정이 터져 나오자 보영 씨는 그동안 외면했던 자신의 아픔을 새롭게 보기 시작했다. 그리고 자신을 공격하고 비난한다고 생각했던 사람들이 사실 엄마의 그림자였음을 알게 됐다. 그녀는 엄마 앞에서 항변하고 소리칠 수 있게 됐고 더 이상 사람들을 두려워하지 않게 됐다.

이제는 엄마와는 달리 나를 이해하고 다가와 주는 사람들을 보기 시작했다. 그러자 지금까지 자신이 두껍게 쌓아 올린 공격성이 힘을 잃고 참 자아의 모습으로 돌아왔다. 사람들을 대하는 말과 행동에 변화가 생기자 보영 씨가 경험하는 세상도 함께 변화되기 시작했다.

만약 당신도 세상이 온통 흙빛 같다면, 세상이 나를 비난하고 못살게 구는 것만 같다면, 그래서 다른 사람에게 말로 상처 주기를 반복한다면 먼저 내면과 화해하는 과정을 가져 보자. 과거의 자신을 떠올리며 내 감정을 알아주는 과정이 자신의 마음과 화해하는 시작점이다. 말은 마음을 담는 그릇이기에 마음과 화해하면 말은 자연스레 변화된다.

내 마음과
화해하는 과정

반복적으로 자신에게 부정적인 감정을 느끼고 상대방 때문에 힘이 드는가? 그렇다면 당신의 마음은 스스로를 지키기 위해 세상을 흑과 백으로 보는 분열 자리에 있다는 뜻이다. 마음과 화해하기 위해서는 세 가지 과정을 지나야 한다.

첫 번째, 과거를 있는 그대로 펼쳐 보길 바란다.
내 마음이 분열 자리에 머물 수밖에 없었던 이유, 나쁜 대상으로부터 겪었던 일은 무엇인지 적어 보자.

두 번째, 왜곡된 감정의 늪으로 들어가는 것이다.
그 사건을 경험하고 있는 어린아이를 떠올려 보자. 마치 내가 경험한 사건을 영화 보듯이 본다면 주인공인 어린아이는 어떤 보살핌을 받고 싶었을까? 아이의 마음이 고려되고 공감이 되면 나쁜 대상을 경험하는 내가 '나쁜 나'라는 프레임에서 벗어나 '보살펴 줘야 하는 나'라는 것을 이해하게 될 것이다.

세 번째, 누군가가 어린 나에게 도움을 줄 수 있다면 어떤 도움과 위로의 말을 건넬 수 있을지를 고민하는 것이다.

톨레도대학교에서 진행된 연구에 따르면 어린 시절에 겪은 부정적인 사건에 대한 기록이나 생각을 글로 적고, 이것을 고쳐 쓰거나 다른 결과를 만들어 보며 해결책을 상상하는 것만으로도 좋지 않은 기억을 치유할 수 있다고 한다.

어린 나의 손을 잡아 줄 수도 있고, 함께 걸으며 아픈 마음을 들어 줄 수도 있을 것이다. 소설을 쓰듯, 영화의 각본을 수정하듯 아이에게 필요했던 돌봄을 떠올려 본다. 마음의 눈으로 어린 나를 바라보며 도움을 주고, 위로의 말들을 글로 써 볼 수 있다.

이런 과정을 이야기 치료라고 부른다. 내면을 어루만져 줄 구원자가 필요했던 어린 나의 모든 바람과 소망을 끄집어내고, 이제는 어른이 된 내가 그 아이를 돌보고 바라봐 주는 것. 그것이 내면과 화해하는 방법이다.

이 세 가지 과정은 편집-분열 자리에서 우울 자리로, 그리고 종국에는 통합으로 우리의 마음을 성장시켜 나갈 첫걸음이다. 통합의 자리에서는 나에 대한 좋은 느낌과 부족한 느낌을 함께 느낄 수 있다. 처절한 삶을 살아 낸 나에 대한 깊은 연민, 그럼에도 삶을 포기하지 않고 여기까지 버텨 낸 나에 대한 깊은 감사가 당신의 마음을 가득 채울 것이다.

나를 지키기 위해
튀어나오는
감정을 찾아라

TV 프로그램 〈라디오스타〉에 가수 이지혜 씨가 나왔다. 그녀는 자신을 진정성 있는 DJ라고 소개했다. 그 말을 들은 MC 안영미 씨는 '정작 게스트가 왔을 때 본인이 웃기려고 게스트 얘기는 안 들어 주지 않느냐, 본인이 더 튀려고 한다, 그건 진정성과 거리가 있어 보인다'며 꼬집어 말했다. 이지혜 씨는 한 치의 망설임도 없이 답했다.

"게스트보다 더 튀려고 하는 거, 고치겠습니다."

자신의 모습을 쿨하게 인정하고 더 나아가 이 조급함을 내려놓기 위해 백일기도도 하지만 정말 잘 안 된다며 자신의 취약점을 유머러스하게 꺼내 놓았다. 그녀의 솔직한 모습에 분위기는 좋아졌고 대화도 자연스럽게 이어졌다.

이지혜 씨의 대처가 참 탁월하다고 느꼈다. 그녀는 MC의 날카로운 지적을 바로 인정하고 꿀꺽 삼켜 버리는 대답을 했다. 이런 대화 방식은 지적하려는 사람이 맥 빠지게 만들어 더 이상 자신을 공격할 수 없게 만든다. 따라서 상대방의 공격을 건강하게 방어할 수 있고 감정적 소모를 줄이는 효과가 있다.

우리가 갈등 상황에서 이렇게 대화할 수 있다면 어떨까? 망설임 없이 인정하는 태도는 서로의 감정을 다치게 하지 않을 것이다. 그러면 있는 그대로의 모습으로 서로를 이해하는 대화가 가능해진다. 하지만 안타깝게도 어떤 사람들은 자신을 방어하느라 타인의 의도를 왜곡하곤 한다. 작은 일에도 공격적인 태도를 보이며 건강한 대화로부터 멀어진다.

상대방과 대화하다가
욱하게 되는 이유

상대방과 대화하다가 자신의 행동을 변명하고 싶거나, 맞받아치고 싶은 충동이 든 적 있는가? 이것은 자신의 깊은 상처가 찔려 무의식이 이를 방어한다는 증거다.

방어란 의식적으로 느껴지는 불편한 생각이나 감정, 기억을 포함한 모든 것으로부터 자신을 보호하기 위해 작용하는 무의식의 기능을 의미한다. 방어는 취약한 감정으로부터 우리가 무너지지 않게 지켜 주지만 잘못 사용하면 대화나 관계를 단절하기도 한다.

하버드대학교 의과 대학 교수인 조지 베일리언트가 자아 메커니즘과 관련한 자신의 논문에서 이렇게 이야기했다.

"방어는 자기 자신과 타인 그리고 사고나 감정의 일부나 심지어 전체에 대한 판단과 해석 체계를 바꿀 수 있다."

예를 들어 한 내담자는 자주 화가 나서 고민이었다. 사소한 일에도 끓어오르는 분노를 참지 못해서 자신도 고통스럽고 상대도 고통스러웠다.

그는 자신에게 감정 조절 장애가 있는 건 아닐까 자책했는데, 그의 조절되지 않는 분노는 깊은 자기 부족감을 보호하기 위한 방어 감정이었음을 알게 됐다. 이처럼 자신을 방어하기 위해 분노 같은 강한 감정을 사용하는 사람들이 많다.

방어 감정으로 분노가 사용되는 이유는 뭘까? 《심리치료에서

1장 · 나도 나를 모르고 너도 너를 모른다 ▶

정서를 어떻게 다룰 것인가》의 저자 레실 S. 그린버그는 감정이 차단되면 그것이 또 다른 감정으로 나타난다고 주장한다. 즉 내가 느끼는 진짜 감정을 통제하기 위해 다른 감정을 보이는 것이다. 이 책은 우리가 진짜 감정을 숨기고 분노를 표현하게 되는 이유를 다음과 같이 설명한다.

"생존과 관련된 문제를 해결하는 게 급선무이기 때문에 혹은 방어를 풀 수 있는 안전한 공간이나 지지가 결여된 탓에 슬픔이 차단될 수도 있다. 이런 상황에 처하면 슬픔을 느끼고 표현하는 것보다 화를 내는 것이 훨씬 더 쉽다는 것을 알게 된다. 분노에는 자기에게 권능을 부여하는 것처럼, 즉 흔들리지 않고 자기를 지탱하는 것처럼 보이게 해 주는 마술적인 위력이 잠재해 있기 때문이다.

또한 분노는 다른 사람과 힘을 다툴 수밖에 없는 갈등 상황에서 슬픔을 통제하는 데도 핵심적인 역할을 한다. 약한 존재로 보이는 것에 대한 사회적 금지 때문에, 혹은 타인을 믿지 못해서 자신이 얼마나 약하고 상처받았는지를 자각하거나 보여 주기를 회피하는 것이다."

진짜 감정을 만나는
감정의 재구성

또 다른 방어의 예가 있다. 한 내담자는 우울감과 무기력감으로 자신의 진짜 감정을 숨겼다. 그녀는 어린 시절에 따돌림을 당한 적이 있는데 자신을 따돌렸던 친구에게 대항하는 목소리를 내는 것이 너무나 두려웠다. 상상 속에서라도 그 친구에게 그때 미처 하지 못했던 말을 하려고 했지만 여전히 두렵고 위축되는 마음을 느꼈다. 스스로가 무가치하고 힘이 없다고 느껴지자 우울감은 증폭됐다.

나는 그녀와 함께 자신을 괴롭게 한 상대를 떠올렸다. 그녀의 손을 잡고 현재 땅에 발을 딛고 선 자신을 분명히 느끼게 하며 두려웠던 과거로 함께 떠났다. 그리고 그때의 억울했던 마음들과 만났다. 위축되고 무기력했던 그녀가 용기를 내 말하기 시작했다.

"네가 그렇게 한 것은 대단히 잘못된 일이었어."
"너는 나에게 상처 줄 권리가 없어."
"나는 더 이상 너를 두려워하지 않을 거야."

이렇게 말하는 동안 그녀의 목소리에 점점 힘이 들어가기 시작했다. 우울감이라는 사슬로 묶여 있던 분노가 힘을 갖고 그녀의 마음에 나타나기 시작했다. "그때 내가 가장 원하는 것은 뭐였을까요?" 나의 질문에 그녀는 "더 이상 그 누구에게도 무시당하고 싶지 않아요. 나는 나를 지킬 거예요. 무례하게 대하는 사람에게 화도 내고 싶어요"라고 대답하며 자신의 욕구와 만났다.

이처럼 자신이 진짜 느꼈던 감정과 만나는 과정을 감정의 재구성이라고 부른다. 이전에 자신이 경험했던 정서 경험으로부터 벗어나 자기감을 유지한 채 과거의 내가 두려워했던 대상 앞에서 자신을 보호하기 위한 표현을 한다. 자기감이란 자신에 대한 감각으로, 스스로를 어떻게 느끼고 판단하는지 알아차리는 마음을 뜻한다. 위축된 나에서 당당하고 강직한 자신을 새롭게 경험하는 것이다.

그동안 자신을 취약하고 무력한 존재로만 보다가 새로운 해석이 가능해지면 새로운 정서를 느끼게 된다. 나아가 진짜 감정이었던 분노를 억압하기 위해 생긴 우울감, 무기력감으로부터 해방될 수 있다.

날선 마음을
돌보는
세 가지 방법

화내지 않아도 될 상황에서 화를 내거나 날선 말들로 상대방에게 상처를 준 경험이 있는가? 이것은 미성숙한 방어를 사용한 것이다. 미성숙한 방어를 사용하면 그 순간에는 느끼고 싶지 않은 감정으로부터 도망칠 수 있지만 타인과의 대화는 더 이상 이어지기가 힘들고 관계에도 악영향을 미친다.

상대방과 대화가 잘 이어지지 않을 때 과도하게 화를 내거나 상대방의 말에 쉽게 상처받고 쉽게 우울감에 빠져 자책하기를 반복하고 있다면 나의 무의식이 취약한 감정을 보호하기 위해 대화를 가로막고 있다는 신호임을 알아차려야 한다.

내 감정을 있는 그대로 알아치리는 일은 중요하다. 소모적인 대화나 말다툼을 할 필요 없이 내 의견을 있는 그대로 전달할 수 있기 때문이다. 하지만 감정을 있는 그대로 느낄 수 없다면 다른 사람을 공격하는 말과 행동이 나온다.

내 감정을 솔직하게 말하면 다른 사람에게 수용받을 가능성이 높아진다. 하지만 진짜 감정을 숨긴 채 공격이나 분노로 응수한다면 자신의 감정이 받아들여지지 못하는 경험이 쌓인다. 그로 인해 '나는 왜 그렇게밖에 표현하지 못했을까?'라는 자책감을 경험하고 관계의 단절로 이어져 자존감에 치명적인 영향을 줄 수 있다.

자신의 감정을 돌보면서 있는 그대로의 감정을 표현할 수 있는 방법이 있다.

1. 나를 힘들게 하는 것들 기록하기

나를 힘들게 했던 사람을 그림으로 그리고 그 옆에 상대에게 하고 싶은 말을 써 보자. 미처 하지 못했지만 하고 싶었던 말을 기록하는 것이다. 만약 어떤 말을 해야 할지 잘 떠오르지 않고 두려움이 커진다면 다음 두 가지를 적어 보자.

한 곳에는 상대방이 앞에 있을 때 나는 어떤 기분을 느끼는지 적는다.

"나는 당신이 두려워요."

그리고 다른 한 곳에는 힘을 가진 사람이라면 그 대상에게 어떻게 말을 했을지 적어 본다.

"그건 당신이 잘못한 거였어."
"그렇게 반응하는 건 어리석은 행동이야."

이런 과정을 거치면 당신의 마음에 취약하고 얼어붙은 '나'만 있는 것이 아니라 목소리를 낼 수 있는 '나'도 있다는 것을 알게 된다. 자기감을 경험하면서 진즉 표현돼야 했던 진짜 감정과 만나도록 도와줄 것이다.

2. 감정이 주는 신호를 놓치지 않기

감정에 주의를 기울이며 방어 뒤에 숨은 욕구와 기대를 깨닫는 연습을 해 보자. 현재 느껴지는 감정은 자신이 정말 원하는 욕구와 목표를 알 수 있는 신호가 된다.

감정에는 정서적으로 알아줘야 할 내면의 관심사가 무엇인지 담겨 있다. 감정이 보내는 신호를 알아차리고 좌절된 욕구를 들여다보자. 내가 원하는 것을 명확하게 인식하고 표현힐 수 있게 되고 자기감을 견고히 할 수 있다. 자신의 욕구와 감정에 민감해질수록 더욱 강한 자기를 느끼게 된다. 그로 인해 서늘한 감정으로부터 도망가기보다는 견뎌 낼 수 있게 되고 방어 감정을 덜 사용하게 된다.

부모가 자신의 말을 잘 들어 주지 않는다고 느껴질 때 화를 내거나 전화를 해서 따지는 내담자가 있었다. 그의 기분은 상대방의 행동에 따라 오르락내리락했다. 이때 상대방을 비난하기 전에 자신의 감정에 집중하고 욕구에 머무르는 것이 화를 조절할 수 있는 하나의 방법이다. 감정에 주의를 기울이며 솔직하게 표현해 보자.

"엄마가 내 말을 잘 안 들어 줄 때마다 내가 바닥에 내팽개쳐지는 느낌이 들어."
"벽 앞에서 이야기하는 것처럼 외로워."

이런 식으로 스스로를 탐구하면 부정적인 감정을 스스로 해결할 수 있다는 것을 알게 된다. 또한 상대방에게 "나는 당신이 내 말을 인정해 주길 원해요"라고 표현할 수 있다. 만약 자신의 말을 들어 주지 않는다고 분노하고 비난한다면 상대에게 나의 감정의 주도권을 주는 것과 다름없다.

3. 기대가 좌절되면서 느낀 점 기록하기

기대가 좌절됐다면 "아쉬워", "속상해" 같은 말들로 내가 어떤 감정을 느끼는지 기록해 보자.

"내가 잘 준비해서 인정받고 싶은 마음도 있었는데, 그게 안 된 것 같아 아쉽네."

있는 그대로의 욕구와 감정을 전달하면 상대방을 공격하거나 비난해서 대화가 단절될 일도 없다.

그동안 방어 기제를 사용해 왔다면 있는 그대로의 내 모습을 인정하고 나의 진심을 전달하는 일이 자존심 상하는 일처럼 느껴질 수도 있다. 하지만 단단한 사람일수록 거울을 있는 그대로 볼 수 있는 법이다. 두려우니 숨는 거다. 두려우니 피하는 것이다. 또한 있는 그대로 감정을 전달하면 상대방은 오히려 안심할 것이다. '이 사람은 대화할 때 자신의 감정을 분명하게 알고 표현하는구나'라고 느끼면서 말이다.

타인의 평가에
집착하면
오해가 생긴다

트라우마를 경험한 사람을 대할 때 우리는 흔히 그 경험을 모른 척 덮어 줘야 한다고 생각한다. 다시 그 기억을 상기시키며 마음의 상처가 덧나지 않도록 말이다. 상대에게는 고통스러운 기억인 만큼 그날을 떠올리게 하는 작은 단서조차 금기시되는 분위기가 있지만 사실 이렇게 쉬쉬하는 태도 때문에 트라우마와 관련된 감정과 기억이 더욱 왜곡되기도 한다. 기억이 조작되고 감정에 살이 붙으면서 더욱 고통스러운 기억이 되는 것이다.

트라우마 심리 치료 기법 중에는 그날 있었던 일을 오히려 상세히 묘사하는 방법이 있다. 그날의 분위기, 조명, 냄새, 착장,

상대방의 표정까지 상세히 떠올리게 한다. 이런 식으로 트라우마를 직면하면 자신이 그 상황에서 대처한 방식이 최선이었다는 것을 깨닫고 자책감, 혼란스러움, 수치심을 내려놓을 수 있게 된다. 힘들었던 장면을 떠올리기 두려워하는 사람도 안전한 대상 앞에서 그 장면을 생생히 떠올리다 보면 그날의 기억을 객관적으로 보게 되기도 한다. 그리고 새로운 관점을 갖게 된다.

예를 들어 성폭력 트라우마가 있는 사람은 보통 더 강하게 저항하지 못한 자신을 탓하며 죄책감과 수치심에 괴로워한다.

'나는 할 수 있는 게 있었는데도 하지 않았어.'
'지금 겪고 있는 고통은 절대 사라지지 않을 거야.'
'그런 일을 겪게 되다니 나에게 문제가 있어서 그랬을 거야.'
'내 삶은 완전히 망가졌어.'

이런 생각은 감정을 보지 않음으로써 생기는 왜곡된 생각으로 볼 수 있다. 왜곡된 생각은 왜곡된 시나리오를 만든다. 실제로 일어났던 사건 자체보다 파생된 죄책감 때문에 상처가 깊어진다.

하지만 그날의 장면을 객관적으로 떠올려 보면 목숨을 잃을 수도 있었던 상황임을 기억하게 된다. 상상 속에 묻힌 진실을 알게 되면 스스로를 탓하는 마음도 덜어진다.

재미있게 본 영화가
실망스러운 영화가 되는 과정

생각은 감정에 영향을 미친다. 감정에 인지적 해석이 포함되기 때문이다. 인지적 해석이란 감정을 있는 그대로 경험하기보다 판단해서 경험하는 것을 의미한다. 슬픈 감정이 느껴질 때 '슬픔을 느끼는 건 약한 사람이라는 증거야'라고 판단하게 되면 2차 정서인 수치심과 나약함이 덧붙는다. 화가 날 때도 '화내는 건 성숙하지 못하다는 증거야'라는 판단 때문에 화가 느껴질 때마다 스스로 미성숙하다는 수치심과 죄책감 같은 부가적인 감정을 복잡하게 경험한다.

좋아하는 배우가 나온다고 해서 기대를 가졌던 영화가 있었다. 영화가 개봉하자 먼저 본 사람들이 그 영화에 평점을 남기기 시작했다. 그런데 내가 생각했던 것보다 평점이 너무 낮았고 영화의 후기가 가혹했다. 어떤 사람은 몇 년 동안 불면증에 시달렸는데 이 영화를 보고 불면증이 나았을 만큼 영화가 지루하다는 평점까지 남겼다.

분명 스토리도 흥미로웠고 배우의 좋은 연기력에 감탄하기도 했지만 평론가들이 말한 좋지 않은 부분에 생각이 집중됐다. 사람들의 평점을 먼저 봐서인지 영화가 점점 실망스럽게 느껴졌고 낮은 평점을 내린 사람들의 판단에 동조하게 됐다. 결국 그 영화는 누군가에게 추천하고 싶지 않은 실망스러운 영화가 돼 갔다.

이처럼 감정 자체보다는 감정이 느껴질 때 따라오는 평가 때문에 감정이 달라지기도 한다. 그러면서 진짜 나의 감정은 '느껴서는 안 되는 감정', '느끼면 초라해지는 감정'으로 터부시되기도 한다.

실제로 우울증을 호소하는 사람들은 감정에 대한 판단과 왜곡된 인지 처리 과정으로 인한 감정의 증폭을 반복적으로 경험한다. 《똑똑한 인지행동치료》의 저자 스티븐 브라이어스는 인지행동치료의 아버지로 불리는 아론 벡과 우울한 사람들의 생각을 연구했고 다음과 같이 소개했다.

1. 자기 자신을 비판적으로 생각함
"나는 어리석다."
"나는 또 망했어"

"아무도 나에게 관심이 없어."

"나는 지지리 못난 놈이야."

2. 타인과 세상 전반에 암울하고 부정적인 관점을 가짐

"사람들은 항상 날 실망시킬 뿐이야."

"세상은 아주 살벌한 곳이야."

"사람들은 누구나 다 자기 자신만을 위할 뿐이야."

3. 미래를 비관적으로 전망함

"좋은 일은 한순간일 뿐이야."

"앞으로도 나는 계속 실패만 할 테니 노력해 봐야 아무런 의미가 없어."

우울한 생각이 지속되는 이유는 여러 가지다. 그들이 처한 객관적 상황보다 옳은 것 아니면 틀린 것으로 보는 극단적 사고, 자신의 고정 관념에 반대되는 정보는 타당하더라도 무시해 버리는 여과 또는 과장, '결코', '항상', '누구든', '어느 누구도'와 같은 용어를 쓰며 한 번의 불쾌했던 경험을 확대해서 보편적인 결론을 내리는 일반화 등 여러 가지 특징적 인지 왜곡을 갖고 있기 때문이라고 덧붙인다.

파국적인 결말이
정말로 일어날까?

인지 오류 중에서도 재앙화는 우리의 감정을 증폭시킨다. 재앙화란 그 신념을 따르지 않으면 최악의 상황이 일어날 것이라는 부적응적인 생각이다. 감정을 재앙화하면 감정은 공포스럽고 피해야 하는 것이 되기도 한다. 나는 재앙화된 신념을 가진 사람들을 상담할 때 자신이 가진 신념을 더욱 상세히 이야기해 달라고 독려하곤 한다.

"그 행동을 따르지 않으면 어떤 두려움이 따를까요? 다 말해보세요."

"이렇게 해야 한다고 말하는 자신의 목소리대로 하지 않으면 어떤 일이 일어날 것 같은가요?"

이렇게 요청하면 내담자들은 자신의 신념이 왜곡됐음을 알게 된다. 그리고 '사람들에게 맞춰 주지 않으면 너는 바보가 될 거야', '버림받을 거야' 같은 내면의 불안감과 두려움을 거르지 않고 표현할 수 있게 되고 어느 순간 이런 생각들이 두려움과 불안감을 더욱 키우고 있다는 걸 깨닫게 된다. 터무니없는 상상들로 더 불안했다는 것을 알아차리면 그다음 대부분은 자신의 재

1장·나도 나를 모르고 너도 너를 모른다 ▶

앙화된 신념에 반박하고 싶은 욕구가 생기고 이렇게 말한다.

"꼭 그렇게 해야만 하는 건 아닌데 내가 나를 너무 몰아세우고 있었네요."

이처럼 남의 평가에서 벗어나면 스스로를 달래고 진정시키는 능력을 발휘할 수 있게 된다.

"나 따위가 뭘"
이라는 생각을
조심하라

왜곡된 핵심 믿음을 점검해야 하는 또 다른 이유가 있다. 왜곡된 생각은 말을 굴절시키기 때문이다. '나는 완전히 구제불능이다'라는 부정적인 생각은 일상생활에서 "나 따위가 뭘", "내가 그러면 그렇지" 같은 자기혐오적인 말을 낳는다. 또는 억압된 감정이 완전히 폭발하기도 해서 자신을 구제불능처럼 대하지 않은 사람에게조차 "너도 속으로 나 무시하는 거지?"라며 적대감을 갖고 말하기도 한다. 왜곡된 핵심 믿음은 한번 생기면 벗어나기 어렵다. 이렇게 행동하다 보면 상대방이 자신을 불편해하고 피하게 된다.

이것은 왜곡된 인지가 강할수록 자신이 그 믿음을 뒷받침힐 증거를 찾기 위해 현실에서 선택적 지각을 하기 때문이기도 하다. 상대방의 말 한마디, 표정 하나를 살피며 전체 중 5%도 안 되는 작은 단서를 보고도 '봐, 저 행동은 분명 나를 무시하는 태도야'라며 부정적으로 해석하고 소통을 가로막는다. 자신의 왜곡된 생각의 근거를 점점 쌓는 꼴이다.

어떤 사람들은 자신의 핵심 믿음에 부합하는 경험과 감정만 느끼려고 한다. 빅토르 위고의 소설 《레 미제라블》 속 자베르 경감이 대표적인 인물이다. 그는 자신에게 추악한 범죄자일 뿐이던 한 남자가 오히려 다른 사람을 돕고 고결한 행동을 보이자 혼란스러워한다. 그는 자신이 가진 핵심 믿음이 뒤흔들리면서 갈등을 겪다가 결국 자살을 선택한다. 이것은 한번 생긴 자신의 왜곡된 생각, 핵심 믿음이 얼마나 고착되는지를 보여 주는 극적인 예다.

잘못된 핵심 믿음은 스스로를 비참하게 만들고 타인과 멀어지게 만든다. 그렇다면 사람들은 왜 이런 핵심 믿음에 휘둘리는 걸까? 자신의 감정이 혼란스럽더라도 핵심 믿음만큼은 유지해야 스스로를 통제할 수 없다는 느낌에서 벗어날 수 있기 때문이다. 한마디로 확고한 자신의 생각에 머물며 스스로를 통제하기 위해서다.

나도 모르게
감정에 휘둘리고 있는지 확인하라

감정이 도구적으로 사용되면 우리는 그것이 왜곡된 감정이라고 해도 버리기가 어렵다.

도구적 정서란 무엇일까? 예를 들어 평소에 자기를 비하하거나 혐오하는 사람은 자책감이 대인관계에 영향을 미친다. 이 자책감이 주는 영향이 적응적이든 적응적이지 않든 자신에게 도움이 된다고 느끼면 도구적으로 사용되는 경우가 있다.

우울감에서 벗어나지 못한 혜수 씨 이야기

혜수 씨는 평소에 "나는 정신적으로 문제가 있어요"라는 말을 자주 했다. 그녀는 자책감과 무기력감을 느꼈다. 하지만 상담을 하다 보니 그녀가 흘리는 눈물에 공감이 잘 가지 않았다. 그 이유를 살펴보면서 알게 된 사실이 있다.

그녀는 집안에서 너무나 많은 통제를 받고 있었다. 그런데 대학생 무렵에 우울증을 진단받고 약을 복용하자 집에서 그녀를 대하는 태도가 완전히 달라졌다고 한다.

"너는 정신에 문제가 있으니까 어쩔 수 없지."

이 말은 그녀가 통제받던 삶에서 벗어날 수 있게 해 줬다. 그녀는 심리 상담을 받으러 왔지만 문제가 있는 상태에 머물고 싶어 했다. 무력감, 우울감에서 벗어나고 싶으면서도 가족들로부터 해방되는 자유를 누리기 위해서는 자신이 계속 우울하다는 것을 보여 줘야 했다.

이처럼 내가 반복적으로 느끼는 감정이 도구적으로 쓰이고 있는지 알아볼 필요가 있다. 자신이 자주 느끼고 벗어날 수 없는 감정이 무엇인지부터 찾아보자.

관계를 살리는 감정에 집중하는 방법

슬픔, 수치심, 죄책감, 우울감 등의 감정을 갖고 있을 때 나에게 이득이 되는 점은 무엇인지, 반대로 잃는 점은 무엇인지 생각해 보자. 이득이 되는 점은 적고 잃는 점이 많다면 과감히 새로운 시도를 해 보는 것이 필요하다.

예를 들어 슬픔이 도구적 정서로 쓰였다고 가정해 보자. 슬픔의 이점은 나와 관계를 맺는 사람들이 늘 슬픔에 빠져 있는 나를 안타까워하며 보다 친절히 대한다는 것이다. 반대로 잃는 점은 나와 만나면 힘이 빠지고 우울해지며 돌보는 역할을 해야 하는 친구들이 지칠 수 있고, 나를 떠나게 될 수 있다는 점이다.

주는 것보다 잃는 것이 더욱 크다고 느껴지지 않는가? 그렇다면 슬픔에 빠져들고 싶어 하는 도구적 정서를 알아차리고, 의식적으로 슬픔과 반대되는 즐거움의 정서에 자신을 자주 노출시키는 연습을 해 보자. 예를 들면 친구들에게 칭찬을 하며 분위기를 띄워 보거나, 친구들과 즐거웠던 추억을 이야기하고, 고마웠던 일이 있다면 먼저 표현하는 것이다.

슬픔이 아닌 즐거움에 익숙해졌을 때 돌아오는 친구들의 긍정적인 반응을 경험해 보자. 꼭 슬픔에 머물지 않아도 타인과 친밀감을 누릴 수 있음을 깨닫게 된다. 이처럼 다른 감정들에 익숙해져야 도구적 정서로부터 벗어날 수 있다.

이외에도 그 감정을 계속 가짐으로써 나에게 채워지는 욕구와 다른 사람들에게 미치는 영향력이 무엇인지 알아차린다면 자신의 도구적 정서를 밝혀내는 데 도움이 될 것이다.

자신이 우울하고 무기력해졌을 때 사람들이 자신을 대했던 태도를 탐색해 보자. 자신의 감정을 보다 깊이 들여다보는 해석 작업을 거치면 어떤 부정적인 감정이 자신을 지켜 주고 있었는지 알게 되고 쉽게 벗어날 수 없었던 이유를 이해하게 된다.

우리에게 자리 잡은 왜곡된 생각과 감정은 오래전에 척박한 환경에서 살아남기 위해 만들어진 보호막과 같다. 그 보호막으로부터 자신을 분리시킨다는 것은 통제감과 존재감을 잃을 수도 있어 큰 불안이 따르는 일이다. 그래서 왜곡된 신념이나 도구적 정서와 이별하기까지는 오랜 시간이 걸린다.

하지만 늘 기억해야 한다. 지금 나의 생각과 감정이 나를 살리는가, 죽이는가? 나를 무너지게 만들고, 나를 싫어하게 만들고, 또 나를 사랑해 줄 사람을 떠나가게 만든다면 이 생각의 정체를 알아차리는 일에 에너지를 들일 가치가 충분하지 않을까?

갈등을 부르는
틀린 생각,
가짜 감정 찾기

프리드리히 니체는 "춤추는 별을 낳으려면 자기 안에 혼돈이 있어야 한다"라고 말했다.

'상처로부터 옳은 왜곡된 생각으로 살아가는 나.'

'상처와 이별하고 춤추는 별이 된 자유로운 나.'

이 중에 후자인 참 자아를 만나려면 혼돈의 과정을 지나는 것이 당연하다. 지난하지만 차근차근 왜곡된 생각의 원인을 알아차리고 맞서 싸우다 보면 언젠간 이런 왜곡된 생각과 도구적 정서로 자신을 보호하지 않아도 불안하지 않은 순간이 찾아온다. 그리고 점차 왜곡된 생각이 만들어 낸 감정에 속지 않고 정말 하고 싶은 말과 생각을 갖게 된 나를 만나게 될 기라 확신한다.

왜곡된 생각을
밝혀내는 다섯 가지 질문

진짜 나를 찾으려면 우선 내가 가진 왜곡된 생각과 감정을 찾아야 한다. 다음의 질문에 답하며 왜곡된 생각을 찾아보자.

1. 내가 아팠고 속상했던 최초의 기억은 무엇인가?

혜수 씨는 어렸을 적에 엄마가 자신을 처음으로 때리고 밀쳤던 기억을 떠올렸다. 이처럼 나의 마음에 상처를 입었던 최초의 기억을 적어 보자.

2. 그때 어린아이였던 나는 어떤 감정을 느꼈나?

1번에서 최초의 기억을 떠올리며 경험했던 감정을 기록해 보자. 혜수 씨는 모멸감, 속상함, 공포, 수치심이라고 답했다.

3. 그 감정은 그 아이에게 얼마나 치명적이었나?

(0-치명적이지 않음, 10-아주 치명적임)

2번에 쓴 감정에 점수를 매기면서 그 감정이 자신에게 얼마나 치명적이었을지 알아보자. 혜수 씨는 10점을 매기며 그 감정이 삶을 뒤흔들 정도로 치명적이었다고 답했다.

4. 그 감정을 느낄 때 그 아이는 무슨 생각을 했을까?

혜수 씨는 2번에 쓴 감정을 경험하면서 '이 세상에 혼자 버려졌구나. 나를 사랑해 주는 사람은 아무도 없어'와 같은 생각을 했다고 말했다. 이처럼 치명적이고 아픈 감정을 경험하며 당신에게 어떤 생각이 따라왔는지 적어 보자.

5. 이로 인해 그 아이가 갖게 된 왜곡된 생각은 무엇인가?

왜곡된 생각 때문에 내가 어떤 결론을 짓게 됐을지 기록해 보자. 혜수 씨는 4번과 같은 생각으로 '세상의 모든 사람은 엄마처럼 나를 미워할 거야'라는 왜곡된 결론을 유추했다.

그 당시에는 그 아이가 가질 수 있는 최선의 생각이었을 테지만 이제는 우리에게 진실을 마주볼 힘이 있다. 왜곡된 생각에 대항할 메시지를 찾아보자.

나의 상처가 만들어 낸 가짜 감정에 대항하기

왜곡된 생각을 찾았다면 그것이 왜 진실이 아닌지 따져 볼 차례다. 견고해 보이는 생각에 의문점을 던져 보자. 질문을 던지다 보면 진실이라고 믿었던 생각의 틀이 흔들리고 '그렇지 않을 수도 있겠다'는 새로운 관점이 생긴다. 핵심 믿음에 속아 넘어갈 가능성을 줄이는 것이다.

핵심 믿음이 '세상의 모든 사람은 엄마처럼 나를 미워할 거야'라면 이에 도전하는 질문들에 답해 본다.

"내가 만나 왔던 사람은 정말 나를 다 미워했는가?"

"최근에 이렇게 생각하게 된 구체적인 근거를 들 수 있는가?"

"이 생각을 계속한다면 나에게 어떤 좋은 영향이 있을까?"

"이 생각을 계속한다면 나에게 어떤 나쁜 영향이 있을까?"

"다르게 생각해 볼 수 있었던 경험은 없었나?"

"그동안 이 생각이 현실이 아니라는 경험을 한 적은 없었나?"

"내가 가장 아끼는 친한 친구가 이런 생각을 하고 있다면 어떤 말을 해 주고 싶은가?"

그러다 보면 감정에 관한 왜곡된 신념도 발견할 수 있다. 감정 역시 받아들여지지 않으면 왜곡되기 마련이다. 한 내담자는 자신이 화를 낼 때마다 '그런 걸로 왜 그렇게까지 화를 내나' 하는 비난을 받고 자랐다. 그래서 감정을 표현하는 일이 이기적이고 수치스럽다는 잘못된 신념이 생겼다. 이것은 감정을 있는 그대로 느끼고 표현하는 일에 2차적인 감정을 불러온 것이다.

우선 자신이 감정에 관해 갖고 있는 신념을 찾고 그것이 진실이 아니라는 가정하에 반박하는 문장을 기록해 보자.

잘못된 신념 : 부정적인 감정은 숨기고 빨리 없애 버려야 돼.
반박하기 : 부정적인 감정은 내가 뭘 불편해하는지 알게 해 줘.

잘못된 신념 : 어떤 감정은 느끼는 것만으로 초라하고 나약해지게 만들어.
반박하기 : 내면이 단단하면 오히려 감정을 있는 그대로 느낄 수 있어.

잘못된 신념 : 부정적인 감정이 느껴질 땐 폭발해야 사람들이 만만하게 보지 않아.
반박하기 : 감정은 억압해서도 안 되지만 폭발해도 문제가 생기기 마련이야.

불편한 감정을
다스리는
세 가지 방법

공기 정화에 탁월한 식물로 알려진 스투키는 한 달에 한 번만 물을 줘도 잘 자란다. 반면에 예쁜 꽃과 잎이 함께 자라는 꽃나무는 일주일에 한 번씩 물도 주고, 영양제도 주고, 햇빛도 쬐어 줘야 한다.

감정은 꽃나무와 같다. 감정의 한 부분에는 꽃잎도 있고, 가시도 있고, 나뭇잎도 있다. 감정은 복잡할수록 더 조심스럽게 다루고 세심하게 돌봐야 한다. 가지가 마른 식물에게 물을 주듯이 부정적인 감정이 느껴지면 내 안에 있는 불편감을 들여다봐야 한다. 무엇이 느껴지든 알아차리고 수용해야 하며 혼란스러울수록 더 마주하고 돌보는 것이 나를 돌보는 올바른 태도임을 기억하자. 지금부터 불편한 감정을 다스리는 세 가지 방법을 소개하겠다.

1. 마음의 집과 감정의 방 그려 보기

마음의 집에는 여러 가지 감정의 방이 있다. 이곳에 머무는 감정은 나쁘거나 좋은 것이 없다. 마음의 집을 그리고 지금 이 순간 느껴지는 감정들의 방을 그려 보자. 자신의 감정을 아무런 판단 없이 있는 그대로 알아차리고 받아들이는 데 도움을 줄 것이다.

1장 · 나도 나를 모르고 너도 너를 모른다 ▶

더 나아가 다음과 같이 각 감정의 목소리를 상상하며 감정이 하는 말을 기록해 볼 수도 있다.

분노: 너무 답답해. 불이 난 것처럼 화가 나. 나도 내 목소리를 좀 내고 싶다고!

이 활동들은 내 안의 불편한 감정을 자각하게 해 줄 뿐만 아니라 감정을 왜곡시키지 않도록 돕는다. 지금 느껴지는 감정도 나의 한 부분임을 인정하고 불편한 감정으로부터 압도당하지 않으면서 '지금 이런 감정이 느껴지는구나'와 같은 태도로 감정을 대할 수 있기 때문이다. 원망감, 좌절감, 질투심 같은 여러 불편한 감정을 있는 그대로 바라볼 수 있다.

우리의 마음은 고통스러운 감정을 내 것이 아닌 것, 내가 느껴서는 안 되는 것으로 분리하고 그 감정이 느껴질 때마다 죄책감을 경험하게 된다. 이때 마음의 집을 그리고 감정의 목소리를 기록해 보면 내 안의 여러 감정이 알아봐 주길 기다리고 있음을 알게 될 것이다.

2. 특정한 감정이 느껴지는 상황을 언급하기

2001년에 〈성격 및 사회 심리학지〉에 실린 노마 멘도자 덴튼

외 4명의 연구에 따르면 단순히 '화나!'라고 표현하기보다는 '나는 이러한 상황에서 화가 나'라고 감정을 일으키는 상황을 고려하는 맥락적인 표현을 쓰는 것이 감정으로 인한 괴로움을 덜어주는 방법이라고 한다. 자신이 느끼는 감정이 무엇인지 맥락과 함께 표현해 보자. 어긋나는 감정이 느껴져도 보다 수용적이고 무비판적인 태도를 갖게 될 것이다.

예를 들면 "아, 내가 지금 두 가지 감정을 갖고 있구나. 친구는 소중하지만 이런 모습은 질투가 난다", "친구의 이런 점은 정말 싫어. 하지만 이 친구에게 수용되는 이 감정은 너무 좋아"라고 표현할 수 있다.

3. 스스로에게 관대해지기

스스로에게 100% 완벽을 요구하고 있지는 않은지 생각해 보자. 친구에게 질투를 느끼면 무조건 부정적이고 나쁜 감정이라고 비난하고 있진 않은지, 안 그래도 버거운 자신을 비난하고 있진 않은지 자문해 본다.

친한 친구가 미워질 때도 있고, 사랑하는 사람이 버거울 때도 있다. 이 불편한 감정을 느끼는 것만으로도 마음이 힘이 들고 어려운데, 누군가에게 조금의 미움과 불편함을 느낀다고 스스로를 나쁘게 평가하는 것은 너무 가혹한 태도가 아닐까?

명화는 사람의 피부색을 표현하더라도 각각의 어두운 면과 밝은 면을 모두 표현해서 색채가 다양하다. 그래서 더 풍성하고 깊이 있게 느껴진다.

사람을 사랑할 때도 마찬가지다. 상대방에게 설렘이나 떨림만을 강요하는 것은 비현실적인 기대이고 상대방을 단편적이고 가볍게 사랑하는 것과 같다.

애증, 밉지만 안타깝고 돌봐 주고 싶은 마음 등 복합적인 감정이 든다는 것은 상대방을 깊게 이해하고 풍성한 사랑을 주고 있다는 뜻이지 않을까? 부정적인 감정이 몰려올 때는 스스로에게 100% 완벽함을 요구하기 전에 이 감정의 신호를 놓치지 말고 받아들여 보자. 타인과의 관계도 명화처럼 다양한 색으로 칠해 간다면 더욱 끈끈해질 것이다.

상처 주는
사람의 언어는
늘 뜨겁다

수현 씨의 남편은 퇴근길에 아내가 좋아하는 복숭아 한 박스를 사 왔다. "내일 장모님 오시니까 당신이랑 같이 드시라고 사 왔어." 수현 씨는 제철을 맞아 달고 맛있는 복숭아를 남편이 자신과 엄마를 위해 사 왔다고 생각하니 행복했다.

남편은 생각보다 비싼 가격에 복숭아를 사 왔다. 과일 가게 아저씨가 특별히 맛있는 걸로 챙겨 주겠다는 말에 넘어가 두 배 비싼 값을 주고 사 온 것이다. 수현 씨가 보기에 장사치에 속은 것이 분명했다. 거뭇거뭇 상처 난 곳도 많았고 제철 과일치고 가격이 너무 비쌌기 때문이다. 하지만 수현 씨는 자신을 생각해서 사 온 성의를 무시하고 돈 때문에 남편을 타박힐 수 없었다.

"자기가 고른 거라 그런지 더 맛있네. 나랑 엄마 먹으라고 비싼 복숭아 사 왔구나? 고마워. 잘 먹을게."

남편은 뿌듯해했고 그런 남편을 보면서 수현 씨도 흡족했다. 다음 날 수현 씨는 엄마에게 어제 있었던 이야기를 전했다.

"엄마, 어제 남편이 장사치에 속은 것 같아. 그래도 엄마랑 나를 위해 준비한 마음이 고맙지?"

하지만 엄마의 반응은 수현 씨의 예상 밖이었다.

"뭘 이런 걸 그 돈 주고 사 왔대? 보는 눈이 없어? 사람을 얕잡아 본 거지. 에휴, 정말 속상해 죽겠어."

수현 씨의 엄마는 폭격기처럼 비난을 쏟아 냈다. 수현 씨는 혹여라도 남편이 이 이야기를 들을까 봐 신신당부를 했다.

"엄마, 사위 앞에서는 '맛있다, 고맙다, 잘 먹을게'라고 이야기해 줘. 엄마 속상한 마음은 알지만 우리를 위해 사 왔는데 그렇게 말하면 남편이 엄청 민망하고 기죽을 것 같아."

부정적 감정을 다스리지 못하면
누군가에게 상처를 준다

수현 씨와 수현 씨 엄마의 말하기 방식에는 어떤 차이가 있을까? 수현 씨의 엄마는 상처를 주는 말 습관을 가졌다. 말로 상처를 주는 사람들에게는 세 가지 특징이 있다.

하나, 상대의 의도와 마음보다 자기의 감정에 몰두된다.

둘, 자신의 말이 다른 사람에게 전해졌을 때 어떻게 들릴지 고려하지 않는다.

셋, 자신의 언어 습관이 원래 그런 것이라 다르게 말할 수 없다고 단정한다.

우리가 다른 사람의 말에 상처받는 이유 중 하나는 오해받거나 본심이 왜곡될 때다. 수현 씨의 남편은 과일을 사기 전, 복숭아를 먹으며 행복해하는 아내와 장모님의 얼굴을 떠올렸을 것이다. 사랑하는 사람을 위해 신경 써서 사 온 그 마음도 인정받고 싶었을 것이다.

하지만 상처 주는 말 습관을 가진 사람들은 이러한 상대의 본심을 고려하지 못한다. 자신의 부정적 감정을 견디는 일을 어려워하기 때문이다. 그래서 불편한 마음이 들면 곧장 상대방을 비난하거나 공격하며 자신의 불편감을 낮추려고 한다.

이런 태도 때문에 관계가 어긋나고 상대방에게 상처를 주게 된다면 어떻게 만회해야 할까? 우선 외부로 향했던 시선을 거두고 자기에게 집중해야 한다. 다른 사람을 탓하고 싶은 충동이 올라온다면 이는 내 마음이 불편하기 때문에 나타나는 신호임을 알아차리고 우선 멈추려 해 보자. 그리고 무엇 때문에 불편한지, 내가 감당할 수 없는 불편감인지, 그 불편감이 정말 상대방에게 표현할 만한 일인지를 점검하며 다스리는 시간을 갖자.

다스러지지 않은 감정은 누구에게든 상처를 준다. 자신이 느끼는 감정을 다스릴 줄 알아야 상대방에게도 오해 없이 자신의 진짜 마음인 걱정과 염려를 전할 수 있다.

뜨거운 감정을
식히는 세 가지 방법

상처 주지 않고 말하기 위해서는 나의 감정을 다루는 기술이 필요하다. 지금부터는 끓어오르는 감정을 어떻게 한 김 식힐 수 있을지 알아보자.

첫 번째, 폭주하듯이 튀어나오려 하는 감정이 느껴질 때 의식적으로 '멈춤' 버튼을 누르는 활동이 도움이 된다.

감정은 보이지 않고 추상적이다. 따라서 감정이 끓어오를 때를 인식하고 상징화하면 감정을 조절할 수 있는 힘이 더해진다. 예를 들면 자신만의 멈춤 버튼을 마련해 보는 것이다. 입가에 손을 가져다 대기, 감정이 지나갈 때까지 20초 숫자 세기, 화장실에 다녀오기, 손을 씻은 뒤 말하기 등이 있다.

두 번째, 언어로 감정을 명명하는 것이다.

감정은 명명하기만 해도 진정되는 효과가 있다. 우리의 감정은 느껴지고 싶어 하고 이해받고 싶어 하는 특성이 있기 때문이다. "내 안에서 뭔가 불편함이 올라오는구나", "비난하고 싶은 마음이 가득 차오르는구나"와 같이 감정을 판단하지 않고 있는 그대로 수용하는 문장을 말하면서 감정을 알아차려 주자.

세 번째, 이 뜨거운 감정이 식기 전에 누군가에게 던져 버린다면 어떤 일이 벌어질지 상상해 보는 것이다.

뜨거운 감정을 자신의 마음에 두지 못하고 상대방에게 꼭 전하고 마는 사람들을 심리학 용어로 외현화된 행동 문제를 보인다고 말한다. 이들은 지금껏 자신을 이해해 줄 만한 대상이 없었기에 자신의 감정을 갖고 있을 수 없었다. 마치 뜨거운 감자를 손에 쥔 것처럼 불편한 감정을 한순간도 갖고 있을 수 없어서 누군가에게 확 던져 버리는 것이다.

자신의 힘든 마음을 누군가가 받아 준 경험을 한 사람은 뜨거운 감자에 자신의 손이 데이지 않고 시간이 지나면 진정된다는 것을 안다. 이런 사람들은 불편한 감정도 견딜 수 있는 힘이 있다. 뜨거운 감자를 왼손, 오른손으로 옮기고 때로는 불어 가면서 식힐 줄 아는 것이다.

감정의 온도가 상대방에게 받아들여질 수 있을 정도로 내려갔을 때 비로소 상대방에게 전해야 한다. 그러기 위해서 이 뜨거운 감정을 상대에게 던졌을 때 벌어질 상황을 생각해 보고 식힐 시간을 주도록 하자.

솔직하지 않을 때
문제 있는 말이
튀어나온다

기분이 좋아 보이지 않은 사람의 눈치를 보며 말을 걸까 말까 주저했던 경험이 한 번쯤 있을 것이다. 화가 난 상태를 들키지 않으려고 아무 말 하지 않아도 주변 사람들은 감정을 눈치챈다. 감정은 눈빛과 행동, 표정과 같은 비언어적인 메시지로 발산되기 때문이다. 마치 점심 메뉴로 고기를 먹은 것을 숨기고 싶어도 의도치 않게 냄새를 풍기는 것처럼 말이다. 그러다 입을 열어 말하는 순간 감정은 더욱 진하게 밖으로 튀어나온다.

"나 괜찮다고 했잖아! 자꾸 왜 그래?"

감정은 말하는 방식에 어떤 식으로든 영향을 미친다. 사람들은 스스로의 감정을 알아차리기 힘들어서, 혹은 그 감정을 느끼고 있는 자신을 마주보기가 두렵기 때문에 감정을 느끼는 그대로 표현하지 않고 왜곡된 방식으로 대신한다.

자신이 다 해결해야 직성이 풀리는 구원자의 말

수지 씨는 친구들에게 무슨 일이 생길 때마다 "내가 해 줄게", "우울할 때는 밖에 나가서 뛰어야지 그렇게 있으면 안 돼"처럼 해결책을 제시하는 말을 자주 했다. 수지 씨의 친구들은 그녀가 너무 일거수일투족 간섭하고 잔소리를 해서 숨이 막혔다.

수지 씨는 어린 시절부터 자신의 감정을 숨겨야 했다. 수지 씨는 부모님의 잦은 싸움을 보며 자랐다. 형제도 없었던 수지 씨는 늘 부모님의 싸움을 말리고 마음을 다독이는 구원자 역할을 해 왔다. 초등학생 때, 학교에 다녀온 수지 씨는 "엄마, 오늘은 아빠랑 싸웠어, 안 싸웠어?", "오늘 기분 안 좋아?"라고 물으며 엄마의 마음을 돌봐 주려 애썼다. 수지 씨 역시 불안하고 무서웠지만 우선 가족들을 살피고 달래야 했다.

수지 씨의 말과 행동이 통제적인 이유는 자신의 불안 때문이었다. 어렸을 적 엄마, 아빠의 마음을 살피고 자신이 문제를 해결하려 했던 것처럼 현재 주변 사람들의 문제 또한 자신이 다 해결해야 마음이 놓였다. 상대방이 도움이 필요 없다고 말해도 수지 씨는 "너 안 괜찮은데 일부러 그러는 거잖아. 괜찮아 내가 해 줄게"라고 말했다.

수지 씨의 문제는 구원자 역할을 벗어나지 못한 것이다. 자신의 감정을 통제하고 상대방에게 조언하기 전에 멈추는 연습이 필요했다. 그렇지 않으면 수지 씨의 주변 사람들은 과도한 개입과 간섭, 통제로 고통받으며 관계가 나빠질 수밖에 없었다.

가족 트라우마 유전 분야의 선구자인 마크 윌린은 《트라우마는 어떻게 유전되는가》에서 불안한 사람들을 이렇게 묘사한다.

"공포와 불안을 느끼면 우리는 흔히 안전하다는 느낌을 얻기 위해 환경을 통제하려 든다. 그 이유는 우리가 어렸을 땐 통제할 능력이 거의 없었고 강렬한 감정에 대처할 만한 안전한 장소도 확보할 수 없었기 때문이다. 의식적으로 패턴을 바꾸지 않으면 유대감에 생긴 손상은 몇 대에 걸쳐 메아리를 퍼뜨린다."

수지 씨는 자신의 통제적인 말과 행동 뒤에 숨은 불안과 미주

했다. 이 불안이 너무 고통스러워서 늘 구원자 역할을 하며 애쓴 자신의 어린 시절을 보았다. 구원자 역할이 자신의 존재를 확인시켜 주기도 했지만 어린 시절부터 부모의 보살핌을 제대로 누리지 못하게 막기도 했다. 수지 씨는 그때 경험한 불안과 두려움을 마주보고 어린 수지를 향한 안타까움도 느끼면서 조금씩 불안을 소화할 능력을 키워 나갔다.

수지 씨는 여전히 통제하는 말과 행동을 하고 싶은 충동이 들 것이다. 하지만 이제는 자신이 불안할 때 자동적으로 튀어나오는 행동이 무엇인지 깨달았고 원한다면 멈출 수도 있다. 자신을 무너뜨린다고 생각했던 진짜 감정과 마주할수록 통제적인 말과 행동을 멈추는 브레이크는 강해졌고 자신이 정말 원할 때만 누군가를 도울 수 있게 됐다.

결국 나를 공격하게 되는 문제 있는 말

또 다른 사례로, 보라 씨는 처음 만나는 사람에게 불평하고 비난하고 싶은 마음이 멈춰지지 않아서 고민이었다. 자신의 이러한 행동이 이해되지 않았고 스스로도 성격이 나쁘다고 느끼며 자책하는 감정이 커져 갔다. 감정에는 이유가 있다. 나는 보라 씨에게 물었다.

"불평이 생기고 비난하고 싶은 마음이 그냥 든 것이 아닐 텐데, 상대방의 어떤 말과 행동 때문에 그런 마음이 들까요?"

그녀는 최근 아이를 출산하며 자기 계발 시간을 갖지 못했다. 그런데 함께 모인 사람 중 한 명이 "자기 계발 시간은 당연히 갖고 계시죠?"라고 말하자 '당신이 뭘 알아? 내가 얼마나 힘든데 어떻게 그걸 당연하다고 말해?' 하며 비난하고 싶은 마음이 들었다는 것이다. 자신의 사정을 고려해 주지 않는 상대방에게 서운함과 속상함을 느낀 것이다.

하지만 보라 씨는 중요한 타인으로부터 공감받거나 배려받지 못한 상황이 많았기에 자신이 서운함을 느꼈다는 것조차 알아차리지 못했다. 설령 알아차리고 표현한다고 해도 상대가 "아기 낳고 자기 계발 시간 갖기 힘들죠? 그래요, 이해해요"라고 보라 씨의 마음을 수용해 줄 것이란 기대가 없었다. 감정의 수용을 경험하지 못한 사람들은 자신의 마음이 받아들여질 것이란 욕구 자체를 포기한다. 그래서 자신이 마주해야 할 서운함과 속상함으로부터 멀어지고 자신을 지키기 위해 비난이나 분노의 감정을 선택하는 것이 최선이있다.

우리의 뇌는 '저 사람이 저렇게 말하는 이유가 뭘까?'라고 생각하기 전에 위험한 상황이 인식되면 이성적으로 생각하는 문을 자동으로 내려 버린다. 그리고 공격하거나 도망가라는 경보기를 울려 감정을 말로 표현하지 못하게 만든다. 위험하다고 인식된 대상으로부터 얼른 자신을 보호할 수 있는 본능적인 대처만 하게 될 뿐이다.

당신이 불편한 감정이 들 때 자주 하는 말은 무엇인가? 그것을 알고 있다면 내가 진짜 느끼는 감정이 무엇인지, 어떤 말로 그 감정을 숨기려 하는지 돌아볼 수 있다. 사람들은 감정을 마주보고 숨기려 할 때 문제 말을 하게 된다.

아빠가 분노를 폭발하는 모습을 자주 보고 자라서 화내기를 두려워하고 불안해하는 내담자가 있었다. 그녀는 분노감이 들때 마치 아빠가 된 것 같아서 힘들어했다. 마땅히 화를 내야 할 상황에서도 화를 내지 못하자 타인으로부터 자신을 지키는 일이 점점 어려워졌다.

그녀는 상담을 이어 가면서 분노를 두 가지로 나눌 수 있음을 알게 됐다. 하나는 폭발하며 누군가에게 상처를 주는 통제 불가능한 분노이고, 또 하나는 자신을 지키고 잘 표현하게 해 주는 적응적인 분노다. 그녀가 아는 분노는 폭발적인 분노뿐이었다.

이런 오해 때문에 분노를 마주보지 않았고, 그녀가 분노를 느낄수록 우울감은 더 심해지면서 자주 자책하고 스스로를 탓해 온 것이다.

이처럼 감정을 오해하면 그 감정을 숨기고 억압한다. 감정을 적응적으로 조절하지 못할 때 우리는 자신의 내면을 공격하는 말을 하거나 타인에게 자신을 보잘것없는 사람으로 소개하는 말을 하게 된다.

나는 어떤 말로 감정을 숨길까?

어떤 말로 자신이 감정을 숨기는지 알아보자. 첫 번째로 내가 상대에게 불편한 감정을 느낀 순간을 생각해 보자.

예) 시무룩한 남자 친구를 볼 때.

두 번째로 그때 자신이 느낀 감정을 단어로 표현해 보자.

예) 걱정, 불안, 두려움.

세 번째로 이런 감정을 경험했음에도 그 당시에 내가 상대방에게 했던 말과 행동은 무엇이었는지 생각해 보자. 내 감정을 숨기고 다른 말과 행동을 한다는 것을 알아차려 보자.

예1) 서운한네, 말로는 "그런 표정으로 있지 말라고 했잖아.

웃어 봐"라고 괜찮은 척했다.

예2) 불안한데, 말로는 "너는 항상 그런 식이야. 속 좁은 성격이 어디 가겠어?"라고 상대방을 비난했다.

예3) 상대방이 미운데, 말로는 "내가 미안해. 내가 다 못나서 그런거야"라고 거짓말했다.

네 번째는 감정과의 오해를 풀 시간이다. 예를 들면 화가 났지만 오히려 더 친절하게 굴었던 나는 분노라는 감정을 어떻게 생각하고 있기에 숨길 수밖에 없었는지 고려해 보는 것이다. 내가 나쁘다고 생각하는 감정이 적응적으로 작용할 때는 없었는지 생각해 보자.

예) 분노는 나를 지킬 수 있고 내 상태를 표현하는 에너지로 쓰이기도 한다.

나를 돌보지
못하면서
관계를 돌볼 순 없다

유아들은 감정 조절이 미숙하기 때문에 감정에 쉽게 압도된다. 마트나 공공시설에서 몸부림을 치며 세상이 떠나갈 듯 우는 아이를 한 번쯤 봤을 것이다. 유아는 몸부림치기, 드러눕기, 울음 등으로 자신의 감정을 표현한다. 하지만 어린아이일수록 감정을 조절할 힘이 부족하기 때문에 부모가 적절하게 도움을 주지 않으면 점점 고조된 감정으로부터 빠져나오기 힘들어진다.

정서 조절 능력이 발달하기 위해서는 양육자의 보살핌을 거쳐야 한다. 하지만 아이가 우는 소리를 들으면 부모의 마음도 불편해지기 마련이다. 울게 내버려 두고 싶기도 하고 그만 울라고 소리 지르고 싶어질 때도 있다. 그러나 이때 보이는 부모의

담아내기 능력이 아이의 정서 조절 능력을 결정한다. 담아내기
란 아이가 고조된 감정으로 힘들어할 때 양육자가 감정을 인정
하고 받아 주는 환경을 제공하는 것과 같다.

담아내기가 꼭 부모가 자녀의 감정을 받아 주는 것만 의미하
지 않는다. 고통을 위로해 주고, 슬픔이 진정될 때까지 옆에서
감정을 함께 견뎌 주며 상대방을 공감하고 위로하는 모든 행위
를 담아내기로 볼 수 있다. 정서적으로 힘든 아이는 자신의 감
정이 누군가에게 받아들여졌을 때 자신을 조절하는 법을 배우
게 되는데, 성인이 돼서도 담아내기를 경험하면 요동치던 마음
이 진정되고 감정을 조절할 수 있게 된다. 이것이 익숙해지면
감정을 다루는 데 미숙했던 사람도 스스로를 돌보는 방법을 알
게 된다.

나를 돌보는 일은
이기적이지 않다

감정 조절 문제로 상담실에 방문하는 내담자들은 양육자로부
터 담아내기를 경험하지 못하다가 상담 과정에서 처음 경험한
다. 상담자는 내담자가 미처 표현하지 못했던 억압된 감정을 말
로 들려주고 그런 감정을 느껴도 괜찮다는 것을 알려 준다. 내

담자는 담아내기를 경험하면서 스스로 진정하는 능력을 쌓아
나간다.

만약 감정을 조절하기 힘들다면 내가 나의 양육자가 되는 것
이 도움이 된다. 다시 말해 스스로를 연민하고 돌보는 기술을
익히다 보면 감정을 조절하는 데 도움이 된다. 자신을 돌보면
자신에 대한 긍정적인 지각을 쌓아 나갈 수 있고 건강한 자기감
을 확고히 하게 해 준다. 어떤 사람들은 이 과정에서 이런 걱정
을 하기도 한다.

"선생님, 나에게만 집중하는 일이 너무 이기적으로 느껴져요."
"나 같은 사람이 어떻게 돌봄을 받을 수 있을까요?"

이렇게 말하는 사람들에게 자녀가 있다면 나는 다시 묻는다.

"당신의 자녀가 이런 고민을 하고 있다면 어떨 것 같으세요?"
"당신의 딸이 같은 위기에 빠졌을 때 어떤 도움을 주고 싶은
가요?"

그러면 하나같이 자녀를 돌봐 주는 것이 당연하며, 돌봄을 받
아야 하는 존재라고 대답한다. 그러면서 자신의 내면에도 이렇

게 돌봄받고 싶은 욕구가 있지만 그동안 스스로에게 가혹하게 굴었다는 사실을 알아차리곤 한다.

우리는 모두 아이일 때가 있었다. 돌봄받아 마땅한 아이, 사랑받는 것이 자연스러운 아이, 부모의 애정을 듬뿍 받아야 하는 아이, 그리고 그것들을 갈망하는 아이 말이다. 자신을 돌보는 일이 이기적으로 느껴지는가? 그렇다면 돌봄을 너무나 원했지만 받지 못해서 필요 없는 일, 가치 없는 일, 이기적인 마음이라는 이름표를 붙이고 거부하고 있지는 않은지 스스로에게 물어봐야 한다. 이제 내 안에 사랑받고 싶었던 어린아이를 떠올리며 나에 대한 돌봄과 연민의 마음을 연습할 차례다.

억누르거나 쏟아 내지 않도록 감정의 균형을 맞춰라

나는 내담자에게 슬프거나 속상할 때마다 이 마음을 똑같이 느끼고 있는 5살 꼬마 아이를 떠올려 보라고 말한다. 그리고 당신이 그 아이를 위로해 줄 유일한 어른이라면 어떤 말을 건넬 것인지 묻는다. 그러면 아무리 자신을 돌보는 일이 서툰 어른이라도 공감적으로 반응하게 된다.

누군가 나의 힘든 마음을 깊이 공감해 준다면 우리의 마음은 한결 편안해진다. 이것을 자비적 타당화라고 부른다.

"그렇게 느끼는 건 자연스러운 거야."

이렇게 말하며 감정을 타당화해 주면 감정은 조절되기 마련이다. 그러므로 자신을 돌봐 주는 목소리를 내면에 퍼뜨림으로써 스스로를 지지해 주자. 힘들 때마다 귀 기울이면 나의 단단한 내면이 나에게 위로를 건넬 것이다.

이 일련의 과정이 자기 조절 말하기의 원리다. 자기를 조절한다는 것은 나를 돌보는 마음을 가진다는 것이다. 슬퍼하는 아이에게 "많이 속상했구나. 무슨 일이야?"라고 물으며 관심을 가지면 아이가 자신의 진짜 속마음을 표현할 수 있는 것처럼, 나를 돌보는 과정이 나를 진정시키는 방법이 될 수 있다.

내 감정이 중요하다고 생각해서 마구 쏟아 내든, 감정을 억누르든 둘 다 바르지 않다. 나를 지지하는 든든한 마음이 있어야만 내가 그런 감정을 느낀 것이 타당하다는 느낌을 받을 수 있고, 감정이 나의 욕구를 알려 주는 신호가 돼서 적절하게 표현할 수 있다.

"화를 내기는 쉽다. 그러나 정확한 대상에게, 적절한 정도로,

적절한 때에, 정당한 이유를 갖고, 적합한 방식으로 화를 내는 것은 쉽지 않다."

아리스토텔레스의 말처럼 어떤 감정이든 스스로 갖고 있다가 언제, 어떤 방식으로 표현할지를 결정한다면 자신을 조절하며 말할 수 있다. 앞서 말했듯 자신이 경험하는 것과 표현하는 것 사이에 균형을 찾는 일이 중요하다. 나의 감정을 다스릴 수 있다면 감정을 더 이상 차단할 필요가 없어진다. 과도하게 반응하거나 부적응적인 방법으로 표출하지 않고도 마음껏 경험할 수 있다.

내 안에서 펄펄 끓는 감정들에게 말을 걸며 한 김 식길 기다리는 것이 나를 돌보는 기술이다. 스스로를 돌볼 수 있을 때 적절하게 자신을 조절하는 말하기 기술을 터득할 수 있는 것이다.

감정을 조절할 수 있게 되면 당신의 마음에 솟구치는 감정이 느껴지더라도 곧바로 내뱉으며 상대방에게 상처 주지 않게 된다. 예전에는 감정을 조절할 수 없어서 다른 사람이 당신을 비난해도 아무 말도 하지 못했다면, 이제는 해야 할 말을 해서 자신을 지킬 수 있고 사람들과 소모적인 언쟁 후 돌아서서 자신을 탓하는 자책감의 굴레를 멈출 수 있다.

에너지를 들여 자신을 조절하는 말하기를 터득해야 할 마땅한 이유가 생겼는가? 그렇다면 자신을 돌보는 연습을 위해 지금 바로 마음에 웅크리고 있는 5살 꼬마 아이를 불러서 물어보자.

"아이야, 내가 너의 어떤 마음을 알아주길 원하니?"

관계를 망치는
감정에서
벗어나는 법

최근 당신을 힘들게 했던 감정이 있다면 한번 떠올려 보자.
실망감일 수도 있고, 불안감일 수도 있고, 주저함일 수도 있다.
떠올렸다면 이제는 그 감정에 질문 공세를 시작하자.

"나는 그때 왜 불안했을까?"

"무엇 때문에 불안했을까?"

"다른 사람들은 그 상황에 불안해하지 않을까?"

"이 불안이 계속되면 어떻게 될까?"

"내가 불안한 걸 누군가 알게 되면 어떨까?"

"불안하지 않으려면 어떻게 해야 할까?"

다시 감정을 들여다보자. 질문 공세를 받기 전보다 훨씬 불편하고 더 큰 감정이 찾아왔을 것이다. 감정은 파도가 치듯 우리의 마음에 왔다 가기를 반복한다.

그런데 우리에게 찾아온 감정이 갈 길을 가지 않고 계속 마음에 머무는 이유는 질문을 좋아하는 뇌의 작동 원리 때문이다. 우리 뇌는 위험한 감정이 찾아오면 그냥 보내지 않는다. 그 감정을 해결하기 위해 판단하고 분석하기 시작한다. 그리고 앞서 언급한 질문들을 하며 위험한 감정을 해결하려 한다.

그러므로 마음이 힘들 때 이런 질문들이 떠오르는 건 자연스럽다. 위험한 감정으로부터 우리를 보호하고 평안함을 찾게 하려는 시도이기 때문이다.

그런데 과도하게 많은 질문을 하면 감정의 덫에 빠지는 부정적인 결과를 낳기도 한다. 비판적이고 문제 해결적인 태도는 감정을 가라앉히는 데 도움이 되지 못하기 때문이다.

오히려 질문을 통해 생각이 꼬리에 꼬리를 물고 감정이 걷잡을 수 없이 커지면 감정은 해결해야 할 '문제'가 된다. 그러나 해결하려는 방식으로는 감정이 진정되지 않으니 이 문제 감정을 경험하는 자신에 대한 무력감, 자책감이 더해져 더 깊은 감정의 나락으로 떨어지는 것이다.

감정적으로 행동하지 않는
네 가지 마음 챙김 훈련

현주 씨는 최근 힘든 일을 겪고 많은 사람에게 위로받으며 힘든 과정을 극복해 나가고 있었다. 그러다 문득 '그 사람의 위로가 진짜일까?'라는 생각이 들었다. 이런 생각을 받아들이자 마음에는 '가짜 위로를 했는데 내가 고맙다고 했으니 우스워 보였겠지?' 같은 의구심이 싹텄고 이를 해결하기 위해 생각이 더해졌다. 결국 의구심은 상대방을 향한 미움과 자책감으로 바뀌었다. 현주 씨는 자신이 만들어 낸 왜곡된 감정에 빠져 상대방을 오해하며 관계에 어려움을 겪었다.

어떻게 해야 감정의 덫에서 빠져나올 수 있을까? 마인드풀니스라는 훈련법에 그 해답이 있다. 이 용어를 우리말로 해석하자면 마음 챙김으로 부를 수 있다.

마음 챙김은 현재 상황이나 감정에 대해서 어떤 질문이나 판단을 하며 문제를 해결하려고 시도하기보다는 순수하게 관찰하며 자각하는 것을 의미한다. 실제로 미국 UCLA 연구 결과에 따르면 마음 챙김 명상을 하면 우리의 뇌는 인지적으로 유연해질 때 활성화되는 뇌 영역과, 문제를 해결하거나 감정을 조절할 때 활성화되는 뇌 영역이 작동한다고 보고했다.

판단하고 해결하는 것에 익숙한 뇌가 마음 챙김 명상에 익숙해지기까지는 꽤 오랜 시간이 걸린다. 하지만 이 훈련을 하면 이제까지와는 다른 방법으로 감정을 대할 수 있다.

1. 내 마음에 머무는 감정 알아차리기

자신의 감정이 알아차렸다면 이를 글로 쓰거나 단어로 찾아본다.

"불안하다."

"우울하다."

"질투 난다."

내 마음에 추상적으로 머물던 불편한 느낌을 글로 쓰면 구체적인 형체가 생긴다. 감정을 노트 위에 쓰는 것만으로도 마음이 진정되는 효과가 있다. 그로 인해서 감정이 나를 압도할 수 없음을 확인한다.

2. 감정을 마음의 일부분으로 표현해서 자신과 분리하기

부정적인 감정이 들 때 그 감정이 곧 나처럼 느껴지면 감정을 느끼기가 두려워진다. 그럴 때 "불안한 부분이 있다", "우울

한 부분이 있다", "질투 나는 부분이 있다"라고 소리 내어 말해
보자. 감정을 내 마음속의 일부로 인식하면 감정과 나를 분리할
수 있다. 그러면 해당하는 감정을 다룰 수 있는 힘이 스스로에
게 있음을 깨닫게 된다.

3. 내 마음의 주체 의식 느끼기

현재 내가 감정에 빠져 헤어 나올 수 없는 상태가 아니라 그
감정을 내가 주체적으로 느끼고 있음을 알아차려 보자.

"내가 불안한 감정을 느끼고 있다."
"내가 질투를 하고 있다."

4. 알아차림 문장을 사용해 연민 느끼기

감정을 바라보고 그 감정을 느끼는 나를 볼 수 있다면 힘든
감정을 경험하는 자신에게 연민의 마음을 갖게 될 것이다.

"나의 한 부분이 불안해하고 있어."
"나의 한 부분이 우울해하고 있어."

마치 "나 지금 불안해"라고 말하는 친구에게 어떻게 도와줄

수 있을지 고민하는 것처럼 이 문장은 나에 대한 연민의 마음과 스스로를 돌보는 힘을 불러일으킨다.

감정은 상징화되지 않으면 알아차리기 힘들기 때문에 통제할 수 없다고 느낀다. 그래서 감정을 다스리려면 이렇게 감정을 알아차리고 나의 한 부분으로 바라보는 과정이 필요하다. 이것이 감정을 분화하는 과정이다. 분화되지 못한 감정은 자신과 감정이 하나로 덩어리진 상태를 의미한다. 이때 자신과 감정이 하나이기에 감정에 대한 주체 의식이 사라지고 힘든 일이 생길 때마다 감정에 잡아먹히고 나의 존재감이 뒤흔들리는 큰 고통을 겪게 된다.

감정이 분화되면 외부의 자극이 오더라도 그것을 자신의 존재의 가치로 연결 짓지 않고 자신이 경험하는 일부로 받아들인다. 비로소 통제력을 갖고 감정을 다룰 수 있게 된다.

꼬인 감정을 푸는 가지치기, 묘사하기, 애도하기

자신의 감정에 귀 기울인다는 건, 감정이 느껴질 때 그럴 만한 이유가 있음을 인정한다는 태도를 의미한다. 그러기 위해서 내 감정을 호기심 있게 탐구하고 관찰하는 자세가 필요하다. 마치 엉망진창인 진흙탕에서 잃어버린 반지를 찾듯이 말이다.

가슴이 답답해지고 불안감이 찾아올 때 '감정이 작동하는구나. 이렇게 느낄 만한 이유가 있겠지?' 하며 감정을 탐구해 보자. 감정의 역할 중 하나는 우리에게 불편한 상황, 해결해야 할 문제를 알려 주는 것이다.

지금부터는 얼어붙은 감정에 따뜻한 불을 지피고 꼬인 감정을 푸는 연습을 해 보자.

진짜 감정을 찾아내는
감정 가지치기

꼬인 감정을 푸는 첫 번째 방법은 진짜 감정을 찾아내는 감정 가지치기다. 분노는 감정을 들여다보라는 경고 메시지일 뿐, 무작정 표출해야 할 진짜 감정이 아닐 수도 있다. 이것을 1차 정서라고 부른다. 1차 정서는 나에게 숨은 감정이 있다는 것을 알려 주는 신호와도 같다. 우리는 그 신호를 발판 삼아 마음에 숨은 2차 정서를 들여다봐야 한다.

1차 정서는 대부분 분노의 형태다. 이런 분노는 2차 정서인 불안이나 질투 같은 감정을 견디기 힘들 때 이를 대체하기 위한 감정이다. 즉 분노 아래에 좌절된 진짜 감정이 숨어 있다.

분노 아래에 좌절된 나의 진짜 감정은 무엇일까? 스스로 질문에 답하며 자신이 느낄 수 있는 감정들을 적어 보자. 또한 2차 정서를 찾기 위해서 '내가 분노 말고 다른 감정을 느낀다면?' 또는 '다른 사람들은 이런 상황에서 어떤 감정을 느낄까?'와 같은 질문에 답하다 보면 분노가 아닌 감정들과 마주할 수 있다. 이것이 감정의 가지치기 활동이다. 이 활동은 내가 한 감정에 몰두하지 않고 경험하는 감정의 폭을 확장시켜 준다. 다양한 감정을 느끼고 표현할 줄 알면 관계에서 갈등이 생겼을 때 대처 방법 또한 다양하게 고려할 수 있다.

감정 가지치기를 돕는 질문들

"화는 알아차려야 할 감정이 있다는 신호야. 좌절된 진짜 감정이 뭘까?"

"이런 감정이 느껴지는 이유가 있을 거야. 감정이 어떤 이야기를 하고 싶은지 들어 보자."

"좌절된 진짜 감정을 찾고 이해하게 될 때, 부정적인 감정은 분명 지나갈 거야."

감정을 가지치다 보면 감정을 섬세히 알아차릴 수 있고 자신이 감정의 주인임을 깨닫게 된다. 또한 화라는 감정에 속아 상대방에게 분노를 터트리는 실수를 줄일 수 있다. 파괴적인 감정이 들어도 그 아래에 진짜 감정이 숨어 있을 가능성을 이해하기에 다룰 수 있는 감정도 더 많아진다.

감정을 드러내는 것은 두려운 일이지만 진짜 감정을 이해하게 되면 상대방에게 있는 그대로의 감정을 부드럽게 표현할 용기도 생긴다. 결국 진짜 감정을 찾으면 자신을 깊이 이해할 수 있고 인간관계에서도 자신의 입장을 보다 유연하게 전달할 수 있다.

오감으로 생생하게
감정 묘사하기

꼬인 감정을 푸는 두 번째 방법은 감정 묘사하기다. 피하고 싶은 정서적 경험이 내 안에 차오를 때 감정을 단어로 나타낼 수 있다면 자신을 더 잘 이해할 수 있다. 어떤 단어로 표현해야 할지 막막하다면 감정을 그림으로 묘사해 보자. 색, 모양, 분위기와 느낌을 상상하며 감정을 상징화하는 것이다.

묘사는 감정 조절의 핵심이다. 나는 자신의 감정을 이해하길 어려워하는 내담자를 만나면 묘사를 권하곤 한다.

"그런 감정이 들 때 그 상황에 머물러 볼 수 있을까요?"

"감정의 색, 냄새, 맛, 분위기, 촉감은 어떤지 한번 묘사해 보시겠어요?"

"슬픔을 느낄 때 몸에는 어떤 변화가 일어나나요?"

이처럼 감각을 떠올리면 자신의 감정 상황을 더 잘 이해할 수 있다. 감정을 관찰하고 묘사하다 보면 더 이상 피하고 싶은 위험한 것이 아니게 되고 감정을 감내하는 능력도 커진다. 고통스럽더라도 감정을 들여다보고 묘사해 보자. 부정적인 감정을 무조건 외면하지 않고 수용할 수 있게 될 것이다.

상처받은 마음을 위로하는
감정 애도하기

꼬인 감정을 푸는 세 번째 방법은 감정의 수용 영역을 넓히는 애도하기다. 우리의 삶에는 공감이 필요한 순간, 이해가 필요한 순간, 슬픔을 충분히 느껴야 하는 순간이 있었다. 그러나 도리어 비난받았고 이해받지 못했기에 감정을 있는 그대로 느끼고 받아들이기가 참 힘들어졌다. 결국 다시는 비난받지 않도록 감정이 얼어 버린 것이다.

더 이상 이런 태도로 살다가는 자신을 잃어버릴지도 모른다. 손가락 끝에 작은 가시가 박혀도 이를 뽑기 위해 애쓰면서, 내 마음에 커다랗게 차지한 감정이 곪을 때까지 방치하는 건 위험한 일이다. 감정에도 치료가 필요하다. 울지 못했던 나를 가엾게 여기고 슬퍼하도록 허락해 줘야 한다. 감정을 금지당한 순간마다 그 감정과 외롭게 분투하는 나를 좀 봐 줘야 한다.

감정을 치료하는 방법은 바로 애도다. 심리학에서 많은 정신 병리가 애도되지 못한 경험으로 이해할 수 있다고 이야기한다. 애도되지 못한 감정은 나의 생각과 지각, 현실 감각을 왜곡한다. 이전까지는 감정을 다룰 줄 몰라 내 탓만 하던 내가 좌절된 나를 슬퍼해 주고 가여운 눈으로 바라보는 애도의 시간을 갖는다면 '아, 미워하는 것도 자연스러운 감정이구나', '내 안에 미움이라는 감정이 지나가는 중일 뿐, 미움을 가진 내가 나쁜 사람이 아니지'라며 진정으로 자신의 편이 돼 줄 수 있을 것이다.

감정을 애도하는 방법은 다음과 같다. 먼저 가혹한 말을 듣고 있는 나를 떠올린다. 그리고 그때 가장 사랑하는 사람으로부터 어떤 위로를 받고 싶었는지 생각해 보자. 그러나 기대와 달리 실제로 당신이 들었던 말도 떠올려 보자.

이제는 어른이 된 당신이 과거의 내 앞에 선 모습을 상상한다. 가혹한 말을 듣고 있는 안쓰러운 나를 알아주고, 이해해 주고, 격려해 주고, 위로해 줄 수 있는 유일한 사람이 나라면 무슨 말을 해 주고 싶은가? 가슴에 손을 모으고, 눈을 감고 소리 내어 위로해 주자. 눈물이 흐르고 한숨이 나오고 소리 지르고 싶다면 가로막지 말고 허락해 주자. 이것이 존중받지 못하고 억압된 나의 감정을 애도하는 첫걸음이다.

1장 · 나도 나를 모르고 너도 너를 모른다 ▶

2장

이 사람과 잘 지내려면
어떻게 해야 할까?

감정
조절하기

나는
불편한 관계에
어떻게 반응할까?

대화 중 정체 모를 불편함이 가슴 깊숙한 곳부터 올라올 때가 있는가? 바로 자신의 감정을 알아차려야 할 상황이라는 신호다. 내가 무슨 말을 듣고 불편해졌는지, 지금 느끼는 감정이 서운함인지 질투심인지 속상함인지 민감하게 알아차릴 수 있다면 상대방에게 잘 표현하면서 깊은 대화를 나눌 수 있고 관계도 멀어지지 않는다.

그러나 자신의 마음 상태를 이해하지 못하면 상대방과 멀어지는 말과 행동을 하게 된다. 어떤 사람은 "너랑은 대화가 안 통해"라며 상대를 탓한다. 어떤 사람은 "됐어, 그만 얘기해. 계속하면 끊는다"라며 대화를 단절한다. 어떤 사람은 불편한 감정이 들 때마다 다른 사람의 말에 무조건 수긍한다. 이 모습들은 전부 상대방과 멀어지는 말과 행동이다.

감정을 표현하기 전에
한 걸음 물러서기

물체가 나와 너무 가까이 있으면 어떻게 생겼고 무슨 색깔인지 판단할 수 없다. 눈앞에 있는 물건이 평범한 두루마리 휴지라고 해도 정체를 알 수 없다면 그저 피하고 싶기 마련이다. 정확하게 알 수 없으니 대처할 수 없고 쉽게 두려움에 사로잡힌다. 불필요한 오해를 하게 되는 것이다.

감정과 너무 가까이 있을 때도 마찬가지다. 감정에 너무 깊이 빠지면 작은 부끄러움이 대단히 큰 수치심으로 느껴질 수도 있다. 그러다 보면 감정을 표현하기가 두려워진다. 사소한 일에 과한 감정을 느끼는 자신이 이해되지도 않고 불편한 감정으로부터 자신을 지키기 위해 상황을 회피하거나 상대방을 공격하며 감정을 왜곡한다.

감정과 어느 정도의 거리가 생기면 '아, 이건 그저 부끄러움이구나. 내가 저 말을 듣고 좀 부끄러워졌네'라고 나의 감정 상태를 정확히 이해할 수 있다. 그러면 비로소 "내가 그 말을 들으니 좀 민망했어", "그 말을 들으니 좀 창피한데"와 같은 말로 마음을 정확히 표현할 수 있게 된다. 상황에 맞는 대처법도 모색해 볼 수 있다.

감정과 자신이 한 덩어리로 묶여 있으면 자아 동질적으로 행동하는 문제가 생긴다. 자아 동질적이 되면 불편한 느낌을 받을 때 말과 행동이 반사적으로 튀어나온다. 따라서 다르게 말하고 행동할 수 있다고 생각하지 못하며 자신이 느끼는 감정, 말, 행동의 책임이 상대방에게 있다고 착각하기 쉽다. 상대방 때문에 자신이 통제할 수 없는 감정을 느끼고 이렇게밖에 말할 수 없게 됐다고 탓을 돌리는 것이다.

"화가 났으니 당연히 소리를 지르지!"
"네가 그런 식으로 말하니까 내가 화를 낼 수밖에 없어."

자신의 말과 행동을 조절할 수 없다고 믿기 때문에 상대방에게 감정을 쏟아 내며 비난한다. 따라서 관계에 많은 갈등이 생긴다. 사람은 때때로 감정을 있는 그대로 느끼면 그 감정이 자신을 압도할까 봐 피하려고 한다. 하지만 자신의 감정을 정확히 알아차리려고 애쓸수록 오히려 감정과 적절한 거리가 마련돼다. 감정을 왜곡하지 않고 있는 그대로 볼 수 있기 때문이다.

감정과 자신이 분리되면 자신의 말과 행동을 조절할 수 있다. 불편한 감정이 느껴져도 견딜 수 있고 어떻게 반응할지 고민하고 결정할 수 있다. 이는 반응과 자신이 자아 이질적인 관계가 됐다는 신호다. 자아 이질적인 관계가 되면 부적절한 충동이 들어도 멈춰야겠다는 생각이 들고 이를 경험하는 나와 행동하는 내가 분리되기 시작한다.

'내가 화가 난다고 소리를 지르는 게 합당한 표현인가?'
'내가 수치스럽다고 관계를 끊어 버리는 일이 최선인가?'

이렇게 의문을 제기할 수 있고 다른 선택지를 고려할 수 있다. 나의 감정과 내 안의 충동, 반응, 행동 경향성을 한 발 물러서서 관찰할 수 있게 되며 통제력이 생긴다. 이와 관련하여 로버트 L. 리히는 《정서도식치료 매뉴얼》에서 DBT 정서 모델로 정서 표현과 정서 경험을 구분할 수 있다고 소개한다.

"사건을 평가하면 뇌와 몸에 변화가 일어난다. 이는 정서 경험의 일부분이다. 신경 화학적 변화들은 몸의 변화를 유발한다. 예를 들어, 상황이 위험하다고 판단되면 개인은 사고가 빨라지는 것을 경험하고 심장 박동과 호흡이 빨라지며, 근육 긴장이 증가하고, 손발의 혈류량이 감소하게 된다.

행동 경향성 혹은 행동 충동 또한 정서 경험의 일부분이다. 공포의 일반적인 행동 충동은 도망가기다. 이런 행동 경향성은 조절되거나 억제될 수 있다. 정서 경험의 일부분은 이러한 변화나 행동 충동을 알아차리는 것을 포함한다."

즉 정서 경험과 정서 표현은 구분돼야 하며 이 둘을 같다고 여기면 감정을 두려워하고 회피하는 데 기여한다는 뜻이다. 덧붙여 감정에 동반되는 행위 충동과 실제 행위를 구분할 필요가 있다고 말한다. 다시 말해 내가 화가 났을 때 말로 상대방을 공격하고 싶은 충동을 느끼더라도 실제로는 아무 말을 하지 않거나, 부드럽게 타이를 수 있는 것이다. 행위 충동은 정서 경험의 일부분이며 이러한 충동에 의해서 행위를 하느냐 하지 않느냐는 정서 표현의 일부분이다.

나의 행동은 적절했을까?
행동 점검 5단계

아래 질문에 답하면서 나의 감정 상황을 이해하고 나의 반응이 적절했는지 객관적으로 살펴보자.

1) 사건 알기
2) 나의 감정 알기: "그때 내가 느낀 감정은?"
3) 자동적인 나의 반응 알기: "그때 내가 했던 말과 행동은?"
4) 점검하기: "이 행동으로 나의 감정이 상대에게 전달됐나?"
5) 행동의 수정 동기 찾기: "이 행동으로 갈등이 잘 해결됐나?"

만약 나의 반응이 부적절하다면 이를 수정하기 위해 가장 먼저 할 수 있는 일은 반응을 포기하는 것이다. 대화 상황이라면 먼저 침묵을 지키는 것이 이 굴레를 멈추는 첫 시도다. 말하기 전에 '내가 이런 감정이 들 때 자동적으로 이런 말을 하고 싶어 하는구나'라며 스스로 반응을 통찰할 기회를 가져야 한다.

이 과정은 내면에 있는 정서 도식을 수정해 줄 것이다. 정서 도식이란 어떤 감정에 대한 평가나 생각, 판단으로 인해서 특정한 행동을 유도하는 틀을 의미한다. 정서 도식에 따라 감정은 이해될 수 없고 조절되지 않으며 자신을 압도하는 것이 되기도 한다. 그렇기 때문에 다른 사람과 자신을 한없이 비난하며 자신을 집어삼킬지도 모를 두려운 감정으로부터 도망간다.

이 5단계를 연습한다면 감정이 적응적이고 통제 가능하다는 느낌을 경험하는 동시에 감정에 대한 두려움이 줄어든다. 어떤 감정이든 자신이 돌보고 적절하게 표현할 수 있다면 나의 감정이 다른 사람에게 수용될 것이라는 믿음이 생긴다.

정서 도식을 계속 수정하다 보면 욱하고 비상식적인 말로 공격하는 상대를 만나더라도 마음에 여유가 생긴다. 왜냐하면 상대방 역시 감정과 자신이 덩어리져 부적절하게 반응하는 것일 뿐, 결코 내가 잘못한 게 아니라고 생각할 수 있기 때문이다. 나의 말과 행동을 이해하는 만큼 이해할 수 없었던 상대방의 행동의 이면까지 고려하게 될 것이다.

감정을
직면하고
솔직하게 전하라

불편한 감정이 느껴질 때 사람들은 여러 가지 방식으로 자신의 감정을 회피한다. 그러나 감정을 회피하면 상대방과의 관계도 단절된다. 감정을 직면해야 내가 무엇을 원하고 바라는지 그리고 상대방과의 관계에서 나의 권리가 무엇인지 알아차리고 표현할 수 있기 때문이다.

예를 들어 대화 중 상대방이 자신의 눈을 보지 않을 때 감정과 직면하면 이런 생각이 들 수 있다.

'내가 이야기할 때는 내 얼굴을 봐 주면 좋겠는데. 그러지 않으니 무시당하는 기분이 들고 서운하다.'

그리고 이 생각을 상대방에게 말로 표현함으로써 소통을 이어 갈 수 있다. 반대로 감정과 단절된 사람은 이렇게 생각하며 대화를 차단해 버린다.

'뭐 저런 사람이 다 있어? 됐어, 나도 대화 안 할래.'

자신의 진짜 바람을 이룰 수도 없고 상대방과의 관계는 멀어지는 소통이다.

감정을 무시하면 또 다른 문제가 생긴다. 바로 감정에 대한 두려움이 커져서 감정을 더욱 억압하고 숨기게 되는 것이다. 감정에 솔직하지 않으면 상대로부터 자신의 마음이 수용될 수 있다는 믿음을 확인할 기회를 잃는다. 또한 자신의 감정을 어떻게 표현하고 어떤 방식으로 다루는 것이 좋을지 배울 기회 또한 놓치게 된다. 그래서 감정을 차단하는 습관은 상대방과 친밀감과 유대감을 쌓지 못하도록 가로막는다.

이뿐 아니라 억압으로 인한 만성적인 스트레스와 불안, 우울감을 증폭시켜 자신이 진짜 경험한 것과 멀어지게 만든다. 물론 감정과 단절되는 잠깐 동안은 부담감과 두려움에서 벗어날 수 있지만 장기적으로는 옳은 방법이 아니다. 이 굴레를 끊는 방법은 자신이 감당할 수 있는 정도의 감정과 맞닥뜨리고 적극적으로 표현해 보는 것이다.

감정을 무시하는 사람의
세 가지 유형

불편하고 힘든 감정을 직면하고 표현한다는 것은 누구에게나 어려운 일이다. 그러나 감정을 회피하면 대가가 따른다. 내가 가시 돋친 말, 관계를 그르치는 말을 하는 이유를 스스로도 이해할 수 없고 상대방에게도 이해받을 수 없는 상황이 반복된다. 사람들은 감정과의 단절을 다양한 모습으로 표현한다.

1. 스스로를 동굴에 가두는 유형

첫 번째, "그만해", "듣기 싫어"라고 말하며 대화를 중단한다.

이들은 불편한 감정을 느끼게 한 사람과 관계를 끊거나 거리를 두며 자신을 방어한다. 표면적으로는 "어차피 떠날 사람이었어"라며 자신이 관계에서 주도권을 가진 듯이 말하지만 실은 스스로를 동굴 속에 집어넣는 것과 같다.

이런 사람들은 충분히 대화하고 진실된 감정을 공유하면 오해를 풀 수 있음에도 하지 않는다. 지금은 나를 이해해 주더라도 솔직하게 말하면 받아들여지지 않을 거란 불신이 있기 때문에 대화를 시도하지 않는다. 이런 태도가 반복되면 있는 그대로의 모습으로 사람을 대하기가 힘들 뿐 아니라 사람들과 폐쇄적인 관계에 놓이기 쉽다. 나아가 감정을 직시하지 않기에 자신의 감정과도 단절된다.

이 유형에 해당하는 사람들의 이야기를 들어 보면 양육자가 자신이 느끼고 있는 감정을 무시했던 경우가 많다. 아이가 불편한 감정을 내비치면 "엄마가 그런 일로 울지 말라고 했지? 울면 지는 거야", "울면 너 두고 간다"와 같은 말들로 불편한 감정을 느끼는 것 자체를 금지된 일처럼 느끼게 만든다.

2. 자아가 없는 유형

두 번째, 자기 의견은 말하지 않고 상대방이 원하는 대로 따른다.

이들은 부당하고 비상식적인 요구에도 경계를 긋고 거절하며 자기를 보호하는 말을 하기 어려워한다. 상대방이 어떤 말을 해도 "알겠어요", "좋아요", "원하는 대로 하세요"라고 말하며 자기 의견을 숨긴다. 이는 자아감을 잃어버렸다고 할 만큼 자신의 욕구나 감정을 신뢰하지 못할 때 생기는 태도다.

아이는 부모가 자신을 있는 그대로 받아들이지 않는 탓에 감정을 잃어버린다. 예를 들어 "너 배고픈 거 아니야", "너 슬픈 거 아니야. 질투 나서 그런 거지"와 같이 부모는 아이가 느끼는 감정을 실제와 다르게 해석한다. 아이는 점점 자신이 느끼는 감정이 낯설어지고 신뢰할 수 없어 부모처럼 강하게 자기표현을 하는 타인에게 의존하기 쉽다.

3. 지나치게 자신을 검열하는 유형

세 번째, 상대가 잘못한 일에도 죄책감을 느끼며 미안해한다.

이 사람들은 다른 사람에게 부정적인 감정을 느끼는 것 자체로 죄책감을 느낀다. 관계에 문제가 생기면 "내가 뭘 고치면 될까?", "네가 하라는 거 다 할 테니 제발 화내지 마", "내가 다 잘못했어"라고 말하며 상황을 넘기려고 한다. 이런 사람들은 부정적인 감정을 꺼냈을 때 부모로부터 "친구 미워하면 못된 거지", "동생한테 질투하면 나쁜 아이야"처럼 처벌하거나 자아상을 훼손하는 표현을 들어 왔다.

아무리 파괴적인 감정이라도 이해와 공감을 받으면 적응적인 감정으로 조절된다. 하지만 지나치게 자신을 검열하는 사람은 부정적인 감정을 느낄 때마다 처벌받은 경험이 더 많았기 때문에 부정적인 감정이 느껴질 때 굉장히 나쁜 짓을 저지른 것처럼 혼비백산한다.

'어떻게 이런 사소한 일로 저 사람을 미워할 수가 있지? 난 정말 나쁜 사람이야.'

부모가 아이에게 처벌적으로 대했듯이 가혹한 목소리로 스스로를 채찍질하며 우울감과 자기 혐오감으로부터 빠져나오기 어려워한다.

자기의 감정과 멀어지는 만큼 상대방과 대화할 때도 자신을 잃어버린다. 그 결과 상대방이 심한 말을 해도 반박하지 못하거나, 불필요하게 몰아세우고 비난하며 외톨이가 되는 어려움을 겪게 된다. 참다운 소통을 위해서는 감정에 직면하고 솔직하게 전하는 연습을 하는 일이 중요하다.

좋아하면서도
미워할 수
있다

친한 친구에게 불편한 감정이 느껴져서 상담을 받게 된 지윤 씨는 이렇게 말했다.

"선생님, 그 친구가 나에게 정말 잘해 줬는데 나는 그 친구가 미워요. 나보다 돈도 잘 벌고 예쁜 것 같아서 짜증이 나요."

지윤 씨는 밉다고 말했지만 그것이 그녀가 경험하는 감정의 전부가 아니라는 것이 느껴졌다.

"친구가 때로는 미울 수도 있죠. 그런 마음이 든다는 건 자연스러운 것 같아요. 다만 미움보다 지윤 씨를 힘들게 하는 또 다른 감정이 있는 것 같네요."

"사실 저에게 잘해 주는 소중한 친구인데 내가 그 친구를 미워하고 질투한다는 게 너무 죄책감이 들어요. 나쁜 사람이 된 것 같고 그 친구만 보면 미안해서 견디기 어려워요."

지윤 씨가 고통스러웠던 원인은 미움 자체가 아니라 미워해서 생긴 죄책감에 있었다. 그녀는 자신의 감정을 깊이 들여다보게 되자 죄책감이 자신을 짓누르고 있다는 사실을 알게 됐다. 전반적으로 그 친구가 좋지만 마음 한 부분에서는 질투가 났고 이런 질투심을 지윤 씨 스스로 이해하기 어려웠다.

사람들은 자신의 다양한 감정을 하나로 묶어 '나쁜 감정' 또는 '좋은 감정'으로 경험한다. 그러나 사람의 마음은 일차원적이지 않고 복합적이기 때문에 여러 시선에서 바라봐야 한다. 그러나 살면서 극단의 감정을 동시에 갖는 것은 잘 받아들여지지 않았다. 어린 시절에 "친구 미워하면 안 되지. 친하게 지내야지", "엄마 싫어가 뭐야! 나쁜 소리!" 같은 말을 한 번쯤 들어 봤을 것이다. 이처럼 사람들은 사랑하고 가까운 사람에게 미움, 질투, 분노 같은 부정적인 감정을 표현하면 혼이 나거나 비난받았던 경험 때문에 양가감정을 겪을 때 혼란스러워한다.

원망 뒤에 따라오는
또 다른 마음, 죄책감

많은 사람이 지윤 씨와 비슷한 고민을 한다. 어떤 사람은 자신에게 헌신하는 부모에게 고마우면서도 지긋지긋한 감정을 느낀다. 어떤 사람은 교수를 존경하면서도 보잘것없는 존재로 느끼기도 한다. 눈에 넣어도 아프지 않을 자녀에게 원망과 미움을 동시에 느끼는 부모도 있다. 사랑이 있는 곳에 미움이 있고, 이기심이 있는 곳에 헌신이 있고, 동정이 있는 곳에 질투가 있을 수 있다.

그런데 이런 상반된 감정을 가진 자신에게 "어떻게 가장 친한 친구를 질투할 수 있어? 정말 이기적이다", "나는 왜 저 사람이 싫다면서 곁에 붙어 있는 거야? 정말 가식적이야"라고 평가하는 것은 안 그래도 혼란스러운 나를 더 깊은 죄책감 속으로 몰아넣는다. 양가적인 마음을 있는 그대로 보고 수용하는 일은 왜 이렇게 어려울까? 《부모와 아이 사이》의 저자 하임 G. 기너트는 그 이유를 이렇게 설명했다.

"어렸을 때 받은 훈련과 커서 받은 교육은 우리에게 양쪽의 견해에 대한 편견만 가르쳤다. 우리는 부정적인 감정은 모두 나쁘며, 그런 감정을 가져서는 안 된다고 배웠다. 그러나 새로운 과학적 견해에 따르면 반드시 그렇지는 않다. 그런 행위에 대해서는 좋다 나쁘다 하는 판결을 내릴 수 있지만, 마음속의 행위에 대해서는 판결을 내릴 수 없다는 것이다.

행동 자체는 비난이나 명령을 받을 수 있지만 감정은 그럴 수도, 또 그렇게 해서도 안 된다. 감정에 대해 판결을 내리거나, 상상을 검열하는 것은 자유로운 사고와 정신 건강을 해치는 결과를 가져온다."

기너트의 말처럼 우리는 긍정 감정이든 부정 감정이든 편견 없이 있는 그대로 바라보기가 어렵다. 하지만 감정은 수용될 때 흘러가고, 흘러가야 자신과의 관계도 점검해 볼 수 있다. 친구를 질투하고 미워하는 마음을 가진 자신을 있는 그대로 수용하게 되면 충분히 그럴 수 있다는 생각과 상대방에게 표현할 용기가 생긴다.

"사실 나 너를 좀 질투했어. 그런 내가 못나 보여서 속상하기도 했고."

이런 고백을 계기로 친구와 더욱 친밀한 관계로 발전될 수도 있다. 만약 이 정도의 마음도 수용되지 못하는 관계라면 일찌 정리해야 한다는 사실을 발견하는 기회도 된다.

양가적인 감정을 느끼는 것이 잘못됐다고 할 수 없는 또 다른 이유는 우리의 감정이 포장을 잘하기 때문이다. 친한 친구를 질투하는 것 같지만 실은 우리의 무의식이 견디기 고통스러운 자기 부족감을 질투로 바꿔 표현하기도 한다. 부모를 미워하는 것 같지만 실은 헌신하는 부모에 비해 좋은 딸이 되지 못한 죄책감을 감당하기 힘들어 미움으로 표현하기도 한다. 좌절감이 분노로 표현되기도 하고, 미움이 우울감으로 표현되기도 한다. 좌절된 욕구 때문에 생기는 고통을 숨기기 위해 다른 감정들로 표현되기도 한다.

우리가 느끼는 감정은 100% 미움, 100% 분노, 100% 우울, 100% 질투라고 할 수 없다. 우울해서 분노할 수 있고, 좌절해서 미울 수 있고, 죄책감 때문에 슬플 수 있는 등 복합적인 이유로 생기기 때문이다.

우리 마음속에는 서로 모순되는 감정이 오간다. 그러다 내가 감당할 수 있는 감정으로 표현될 뿐이다. 우리의 무의식은 내가 감당할 수 있는 감정만 허락하기 때문이다.

어떤 감정 자체가 문제를 일으키는 것이 아니다. 그 감정을 느끼는 자신을 어떻게 생각하느냐에 따라 관계가 달라진다. 부정적인 감정 때문에 관계를 망쳐 버리거나 자기혐오에 빠질 수도 있지만, 잘 조절하고 표현할 수만 있다면 서로의 마음을 깊이 이해하는 계기가 되기도 한다.

이중 언어만
주의해도
오해가 풀린다

효진 씨는 누군가가 자신에게 "머리 스타일 바뀌었네?"라고 말하면 저렇게 말한 의도가 뭔지 한참 동안 생각하게 됐다. 그러다 결국 상대방의 의도를 부정적으로 해석하며 말다툼을 하거나 관계를 끊어 버리게 되는 것이 효진 씨의 고민이었다.

그녀는 사람들이 하는 말 뒤에는 늘 숨은 뜻이 있다고 생각했다. 아무리 다정한 말과 칭찬을 해 주더라도 상대의 마음속에서는 자신이 알아차려야 할 부정적 감정이 있다고 믿었다. 그러다 보니 주변 사람들은 효진 씨와 대화할 때마다 늘 오해를 받아서 곤란했고 사소한 말도 부정적으로 받아들이는 효진 씨에게 다가가길 꺼렸다.

효진 씨의 잘못된 믿음은 어디에서 출발했을까? 효진 씨는 어렸을 때부터 엄마와 대화하면 혼란스러웠다고 전했다. 효진 씨의 엄마는 괜찮다고 말하면서도 한숨을 쉬었고 표정은 어두웠다. 괜찮다는 말만 믿고 방에 들어가 쉬기라도 하면 "너는 엄마가 힘든데 누워 있냐?"라는 핀잔을 들어야 했다.

또 효진 씨의 엄마는 "네가 알아서 잘하겠지. 널 믿어"라고 말하면서도 끊임없이 잔소리와 지적을 했다. 효진 씨는 오래전부터 말과 감정이 일치하지 않는 대화를 경험해 왔던 것이다. 그 덕분에 상대가 하는 말을 있는 그대로 받아들이면 억울한 일이 생기거나 공격당할 것이라는 잘못된 믿음이 생겨 버렸다.

"나한테 서운한 것 말해 봐. 뭐? 그런 걸로 서운하다고?"

효진 씨의 엄마는 이중 구속 언어를 사용하고 있었다. 진짜 전하고 싶은 메시지를 숨기고 반대로 전달하는 것을 이중 메시지, 또는 이중 구속이라고 부른다. 이중 메시지를 들은 사람은 상대방으로부터 전해지는 감정, 표정, 억양, 말투 같은 비언어적인 메시지가 말과 일치하지 않기 때문에 혼란스럽고 위축된다. 그리고 결국 어떻게 반응해야 할지 몰라서 얼어 버린다.

정신 의학자 그레고리 베이트슨은 이중 구속 이론을 주장했다. 그는 이중 구속을 많이 사용하는 부모의 아이가 정서적으로 불안정하다고 전한다. 실제로 조현병 환자들의 부모를 관찰한 결과 이중 구속 언어를 많이 사용하고 있었다. 이중 구속 언어가 조현병을 만드는 것은 아니지만 부모의 의사소통 방식이 조현병 환자들의 증상에 영향을 줄 만큼 의미가 있다는 것이다.

일상에서도 우리는 많은 이중 구속 언어를 사용하곤 한다. "나한테 서운한 적 없어? 괜찮으니까 말해 봐"라는 말만 믿고 서운한 것을 이야기하면 "그런 걸로 서운하다고?"라며 반응하는 것도 이중 구속 언어에 해당한다.

이중 구속 언어는 연인 사이에서도 자주 볼 수 있다. 예를 들어 서운함을 알아차린 남자 친구가 "무슨 일 있어?"라고 물어봐도 "아무 일도 없는데?"라고 말하면서 눈을 쳐다보지 않거나 짧게 대답하는 모습이 해당된다. 연인에게 선물을 사 줄 때 사고 싶은 것을 고르라고 해 놓고 물건을 고를 때마다 "이건 별론데?", "이런 게 네 취향이었어?", "안 어울려", "차라리 이게 더 잘 어울려"라고 말하며 자신이 원하는 것을 사도록 유도하는 것 또한 이중 구속에 해당한다.

쉽게 말해 이중 구속은 '답정너(답은 이미 정해져 있고 너는 대답만 하면 돼)'이다. 이럴 경우 상대방은 모순되는 메시지에 제대로 응답할 수 없어 혼란스럽고 상대방에게 의존하게 되거나 자신의 선택을 포기하는 무력감에 빠지기도 한다.

진정한 소통을 위해 점검해야 할 것

이중 언어는 사용하는 자신 또한 갉아먹는다. 수진 씨는 이중 구속 언어를 사용하고 있었다. 무리한 부탁을 받아도 "괜찮아. 내가 할게"라고 말하며 속으로는 상대방을 원망하고 미워했다. 마음과 다른 말을 할수록 수진 씨는 자신이 진짜 원하는 것과 원하지 않는 것이 뭔지 혼란스럽다고 말했다. 이처럼 이중 언어는 자신의 감정과 욕구를 알 수 없게 차단하는 장애물로 작용하며 자존감에도 치명적이다.

어떻게 하면 내 마음을 갉아먹고 상대방과의 오해를 만드는 이중 언어를 줄일 수 있을까? 먼저 자신에게 물어보는 태도가 중요하다. 표현하려는 말과 감정이 다르다면 언젠가는 감정이 말을 이긴다. 다시 말해 내가 두려움과 불안함을 느끼고 있는데 말은 '괜찮다'고 해도 결국은 상대방에게 불편한 감정이 전달되기 마련이다. 그러므로 표현하기 전에 내 마음에게 정말 괜찮은지 물어보자. 괜찮다고 말하면 내 마음이 불편하지는 않을지,

괜찮다는 말 외에 다른 말은 없을지 물어보며 진짜 욕구와 마주할 수 있는 기회를 줘야 한다. 자신의 감정과 바람을 명확하게 알지 못할 때 이중 언어를 사용하게 되기 때문이다.

그리고 마음이 불편할 때는 상대방에게 잠깐 시간을 요청하는 것도 하나의 방법이다.

"지금은 나도 내 마음을 잘 모르겠어. 생각해 보고 이야기해도 될까?"

"중요한 내용인 것 같은데 회의 시간에 다시 이야기 나누면 어떨까요?"

"그 일은 깊게 대화하고 싶은데 수업 마치고 하면 어떨까?"

"10분만 시간을 주면 생각해 보고 이야기할게."

이처럼 양해를 구하고 생각할 시간을 가진 뒤 자신의 욕구와 감정을 정리하면 스스로도 납득하고 상대방에게도 정확하게 자신의 욕구를 전달할 수 있다. 말과 행동이 일치하면 돌아서서 자신의 뜻과 다른 결정을 내리고 후회하거나 잘못된 선택을 할 일도 없다.

만약 상대방이 이중 언어를 사용한다면 다음과 같이 질문하며 오해를 줄일 수 있다.

"괜찮다고 말하는데 표정은 그렇지 않아 보여. 정말 괜찮아?"

"이해한다고 말했지만 눈을 마주치지 않는 걸 보니 그렇지 않은 부분도 있는 것 같은데, 어때?"

"평소에 네가 좋다고 말할 때랑 다른 느낌이 들어. 정말이야?"

"네가 아무렇지 않다고 말했지만 나라면 조금 서운할 것 같은데, 어때?"

"나한테 하고 싶은 대로 하라고 말했지만 불만스러운 감정이 느껴져서 조금 혼란스러워. 진짜 네 마음은 어때?"

이처럼 상대방의 진심을 확인해 보자. 이런 시도로 상대방은 한 번 더 자신의 감정과 욕구를 떠올리며 감정과 일치하는 말을 할 수 있게 된다. 전달되는 감정과 말이 달라 혼란스럽게 대화하며 오해하는 일이 줄어들 것이다.

때로는
화를 간직할
시간도 필요하다

강연가 김창옥은 한 강연 프로그램에서 남자가 외모가 예쁜 여자를 만났을 때는 모든 것을 다 쏟아서 잘해 주지만 결혼을 하고 그 여자가 익숙해지면 더 이상 꾸민 말이 아닌 남자 본연의 모국어를 쓰게 된다고 말했다. 그는 모국어를 바로 우리네 부모의 말처럼 어린 시절부터 자신이 속해 있었던 삶에서 자주 경험한 말과 태도라고 말했다. 모국어는 상대가 익숙해질 때도 나타나지만 대부분 우리의 감정이 상했을 때, 즉 이성적으로 생각할 수 없는 상황에서 가장 잘 드러난다.

아빠로부터 학대받아 온 남성 내담자가 찾아왔다. 그는 과거의 기억이 떠오르면 자신도 모르게 감정이 솟구쳐서 물건을 부수고, 고함을 치고, 가까운 사람에게 욕설을 했다. 격분된 감정을 스스로 통제할 수 없는 지경에 다다른 것이다.

그는 감정을 조절하고 진정시킨다는 것이 무엇인지 알 수도 없었고 너무나 어렵게 느껴졌다. 격분에 휩싸이면 현실 감각을 잃어버렸다. 현재 내 앞에 있는 사람과 다투지만 실상 분노의 대상은 자신을 학대해 온 아빠였기에 감정이 늘 증폭될 수밖에 없었다. 격분이 그에게는 모국어와 같았다. 벗어나고 싶지만 모국어가 너무 익숙해서 자신의 말과 행동에 스민 것이다.

감정이 격해졌다면
잠시 입을 다문다

감정을 분출하는 것을 자신의 감정에 솔직한 것, 할 말을 하는 것으로 오해하는 사람들이 있다. 선을 지키면서 나의 감정을 솔직히 이야기하면 관계를 더 친밀하게 이끌 수 있지만 감정을 분출하는 것과는 분명히 다르다.

리 맥컬러와 냇 쿤은 《감정 공포 치료》에서 감정 표현이 분출이나 폭발적인 행동화, 또는 퇴행적인 방출이 아니며 욕구와 바람에 의해 잘 안내된 표현임을 기억하는 것이 중요하다고 말한다. 이 책은 감정을 표현하는 방법을 설명한다.

- 공격보다는 주장
- 상실에 대한 깊은 눈물
- 개방적으로 그리고 수치심 없이 부드러움을 표현하기
- 열정적으로 관심을 추구하기
- 자유롭게 성적인 기쁨을 주고받기
- 기쁨을 경험할 때 평화롭게 웃고 느끼기

저자는 이런 표현 능력들이야말로 자신을 달랠 수 있는 자기 보호의 기초이며 성숙하고 건강한 기능이라고 덧붙여 말한다. 이를 위해 감정이 분출되려고 할 때 어느 정도 감정을 간직하는 시간이 필요하다. 감정을 적응적으로 표현하지 못하도록 가로막는 장애물을 발견하고 이를 조절하기 위해서다. 저자는 이것을 '적절한 억제'라고 부르며 다음과 같은 말을 덧붙인다.

"적절하게 표현된 감정(주장적: "당신이 늦는 것이 불편해. 제때 오지 못할 때 미리 연락을 주면 좋겠어."/적응적) 그리고 부적절하게 표현된 감정(수동적: 웃으면서 자신의 상한 마음을 감추고 기다리지만 마음은 혼란스러운 상태/비억제적 그리고 공격적: 비난, 욕설, 격분 등)에 덧붙여 감정은 적절하게 억제될 수도 있다.

적절한 억제는 결코 표현되지 않는다는 뜻이 아니다. 그것은 억제라는 성숙한 방어 기제를 사용해서 의식적으로 적절한 시간까지 간직하는 것을 의미한다. 예를 들어 입을 다물고 내색하지 않으며 마음속으로 10을 센다. 하지만 결과적으로 적절한 방식으로 느끼는 것을 드러낸다."

　적절한 억제는 결코 자신의 감정을 표현하지 않거나 참기만 하는 수동적인 자세가 아니다. 사람이 많은 곳에서 나의 기분을 상하게 한 사람에게 즉각적으로 화를 낼 수도 있지만 상황과 관계를 고려하고 적절하게 표현하기 위해 잠시 자신의 감정을 견뎌 내는 것이다. 예를 들면 집에 도착할 때까지 감정을 간직했다가 마음이 진정됐을 때 표현하는 것을 의미한다.

　우리의 궁극적인 목표는 화를 억누르는 것이 아니다. 불에 기름을 붓지 않고 적절한 강도로 표현할 수 있을 때 나의 마음을 전하는 것이다.

불통을
소통으로 바꾸는
감정 표현 설명서

감정 이론가인 실반 톰킨스는 《Affect Imagery Conscious-
ness: Volume I: The Positive Affects》에서 우리를 행동하게
만드는 세 가지 동기가 있다고 말한다.

첫 번째는 생물학적 욕동인 배고픔, 목마름, 성욕이다.

두 번째는 신체적인 고통이다.

그리고 세 번째는 분노나 슬픔, 수치심, 기쁨 등과 같은 감정
이 해당한다.

그는 감정이 현재 경험된 것을 더 크게 혹은 더 작게 해석하
는 장치라고 말한다. 다시 말해 상대방의 말 자체보다는 그 말

을 듣고 떠오른 감정 때문에 과도한 반응을 하게 되는 것이다. 그러므로 인간관계를 잘 유지하고 싶다면 감정을 다룰 수 있어야 한다. 그러면 상대방의 말을 오해하지 않고 불통으로 가는 장애물을 만들지 않을 것이다.

현재 감정이 견딜 수 없을 정도로 격분한 상태라면 상대방과 제대로 대화하기조차 힘들 것이다. 잘 소통하기 위해서는 우선 감정을 적응적으로 표현하는 것과 부적응적으로 표현하는 것의 차이를 알아야 한다.

감정을 통제할 수 있고 감당할 수 있다면 폭발하며 전달하지 않는다. 또한 자신의 감정을 표현했다는 것 자체에 안도감을 느끼고 상대방과 깊은 감정을 공유함으로써 관계가 친밀해지는 긍정적인 경험을 한다. 이것이 감정을 적응적으로 표현했을 때 나타나는 특징이다.

반면 부적응적으로 감정을 표현한다면 어떻게 될까? 부적응적으로 감정을 표현하는 모습은 여러 가지가 있다. 예를 들면 자신이 입은 피해를 과장하기, 힘들어도 아무렇지 않은 척하기, 고함 치기, 과도하게 자기 연민 하기, 자주 짜증을 내기, 흥분하며 이야기하기 등이 해당된다. 이렇게 파괴적으로 표현하는 탓에 관계가 멀어지고 그로 인한 외로움과 관계에 대한 회의감을 경험한다.

마음을 적응적으로
표현하는 방법

어떻게 하면 감정을 적응적으로 표현할 수 있을까? 일상에서 쓸 수 있는 두 가지 방법이 있다.

첫 번째는 자신이 느끼는 감정에 0부터 10까지 강도를 매기는 것이다.

0이 감정이 전혀 느껴지지 않는 상태라면 10은 참을 수 없을 정도로 격분하며 감정에 압도된 상태다. 어느 수치까지 감정이 식어야 분노감을 유지하면서도 적응적으로 표현할 수 있을지 스스로 기준을 세워 보자.

두 번째는 감정적 언어를 사용하고 있는지 살펴보는 것이다.

감정적 언어란 자신의 감정과 느낌을 과장되게 표현하는 것을 의미한다. 감정적 언어는 자신의 감정을 과도하게 증폭시킨다. 인지 행동 치료에서는 이런 감정적 언어를 정신적 감옥으로 비유하며 수정해야 할 사고방식으로 본다.

자신의 언어를 살펴보려면 어떤 상황에 처할 때 어떤 방식으로 그 상황을 말하고 판단하는지를 들여다보면 된다. 예를 들어 상대방과 의견이 다를 때 '저 사람과 내 생각이 조금 다르네. 같을 수는 없지'라는 생각이 아닌 '꼭 저렇게 이겨 먹고 싶은가? 나만 말하면 쟤는 꼭 토를 달아서 무안을 주네'라고 생각하고 말하는 것이 감정적 언어다.

　또 다른 예로는 발표를 하면서 긴장감을 느낄 때 '아, 발표하려니 떨리네'라는 표현보다 '내가 쪼그라들 것 같아. 수치스러워 죽겠어'라고 한다면 같은 상황임에도 감정적인 언어를 사용하는 것으로 볼 수 있다. 감정을 과도하게 불러일으키면 불필요하게 방어적이고 적대적인 자세로 소통하게 된다. 그러므로 다음에 비슷한 상황이 오면 또 격분할 수밖에 없다. 이외에도 이런 언어를 사용할 수 있다.

'또 같은 실수를 하다니. 나 같은 인간은 살면 안 돼.'
'나는 쓸모없어.'
'이 사람과 이야기하는 건 너무 수치스럽고 끔찍한 일이야.'

　감정적 언어를 사용하면 상황을 있는 그대로 지각하지 못하고 더 거침없이 말하며 감정을 조절하는 힘을 잃어버린다. 생각과 말은 현실을 비틀어 버릴 만큼 강한 힘이 있다. 덧붙여 내 감정의 주도권까지 빼앗을 수 있다는 점을 명심하자.

내 감정을
손님처럼 모신다

하임 G. 기너트는 《부모와 아이 사이》에서 아이에게 말로 상처 주지 않으려면 아이를 손님처럼 대하라고 전한다.

"깜빡 잊고 우산을 놓고 간 손님에게 우리는 뭐라고 하는가? 그 사람에게 달려가 이렇게 말하는가?

'어떻게 된 거죠? 우리 집에 올 때마다 늘 뭘 잊고서 놓고 가니까 하는 말이에요. 이것 아니면 저것을 늘 두고 가잖아요. 당신 여동생은 그렇지 않던데. 우리 집에 올 때마다 보면, 그녀는 행동이 참 반듯해요. 당신 나이 마흔네 살이에요! 이런 버릇은 고칠 때도 되지 않았나요? 난 당신이 놓고 간 물건이나 돌려주러 다니는 노예가 아니에요. 머리를 어디 두고 다니나 봐요! 아니면 그냥 어깨에 달고 다니든지! 그렇지 않고서야 어떻게 이럴 수가 있어요?'

우리는 손님에게 이런 식으로 말하지 않는다. '앨리스, 여기

당신 우산 있어요' 하고 간단히 말한다. '당신 주의가 산만하군요!'라고 덧붙이지도 않는다. 부모들은 손님 대하듯 아이들을 대하는 법을 익혀야 한다. 그러한 방식으로 상황에 한 발 물러서서 영화 시나리오를 읽듯, 손님을 대하듯 접근하는 것도 격분의 스위치를 끌 수 있는 하나의 방법이다."

나는 그의 말에 덧붙여 누구보다도 스스로의 감정과 생각을 손님처럼 대할 수 있어야 한다고 전하고 싶다. 숫구치는 감정과 말을 나 자신이 아닌 외부의 손님으로 떼어 놓고 보자. 그런 말을 하는 자신을 말려 보기도 하고, 다른 좋은 방법을 제안해 보기도 하고, 진정시켜도 보고, 과도한 생각은 바로잡아 주기도 하는 사려 깊은 태도를 스스로에게 보여 주는 것이다.

내 감정을 손님으로 모신다면 자신과의 관계가 회복될 뿐만 아니라 이런 태도로 다른 사람을 대하는 것이 자연스러워질 것이다. 결국 더 이상 소통의 장애물이 당신의 관계에 부정적인 영향을 미치지 못할 것이다.

나는 왜
그 사람에게
유독 쏘아붙일까?

"선생님, 저도 말을 좀 부드럽게 하고 싶어요."

"부정적으로 말하고 싶지 않은데 자꾸만 그렇게 돼요."

"사랑하는 사람에게 인정하고 격려하는 말을 해 주는 게 너무 어색해요."

인간관계로 고민하는 사람들은 종종 이런 고민을 털어놓는다. 어떻게 하면 부드럽고 공감적인 소통이 자연스러워질까? 먼저 자신의 말에 담긴 부정적 표현을 없애야 한다. 부정적 언어를 쓰면 뇌가 상대를 부정적으로 인식하는 프레임을 씌운다. 그래서 상대방을 있는 그대로 보기가 어려워지고 부정적인 말을 반복하게 된다. 그러다 보면 우리의 뇌는 시야가 좁아져서 상대방이 과격한 모습을 보일 때만 스위치가 켜지고 다른 모습은 고려하지 못하게 된다.

이런 일이 반복되면 부정성 편향이 생긴다. 이 현상은 뇌에서 상대를 고통스러운 감정을 느끼게 하는 위험한 인물로 지정하는 것으로, 우리를 위험 요소로부터 지키기 위해 작동하는 뇌의 본능이다. 결국 상대방을 향한 부정적 감정을 오랫동안 간직하게 되고 그 사람을 만날 때마다 부정적 감정들이 자동적으로 떠오르게 된다.

임상 심리학 박사인 마셜 로젠버그는 《비폭력대화》에서 콜로라도 대학교 심리학과의 O.J. 하비 교수의 '사용하는 언어와 폭력의 상관관계' 연구를 소개했다. 이 연구는 세계 여러 나라의 문학 작품을 무작위로 추출한 다음 작품 안에서 사람을 차별하고 비판하는 단어의 사용 빈도를 조사했다. 그 결과 비판적인 어휘를 많이 사용할수록 그 사회에 폭력 사건도 비례해서 많다는 결과가 나왔다.

이는 말이 감정을 증폭시켜서 상대를 있는 그대로 보지 못하게 만들고 자신이 만들어 낸 모습으로 인식하게 만든다는 주장을 뒷받침한다. 부정적인 말로 상대를 판단하고 평가하기 시작하면 그것들이 뇌에 뿌리내리고 좋은 기억들은 신기루처럼 사라져 버린다.

내가 행복해야
곁에 있는 사람도 행복하다

아이의 문제로 상담을 온 엄마와 부모 상담을 진행했다. 친절하고 차분한 말투로 대화를 이어 가는데 유독 아이 이야기를 할 때마다 '이기적이고 자기밖에 모르는 애', '성깔이 더러운 애'라며 거친 표현을 사용했다.

엄마는 아이를 사랑한다고 말했고 사려 깊은 태도로 상담에 임했지만 이 거칠고 난폭한 표현들로 아이를 어떻게 느끼고 대하는지를 가늠할 수 있었다. 실제로 본 아이는 엄마가 묘사한 것과 달리 침착하고 배려심 있는 아이였다.

우리가 누군가에게 과도하게 부정적인 감정을 느낀다면 상대방이 문제라기보다 자신의 내면이 반영된 모습임을 알아야 한다. 내면에서 해결되지 못한 감정을 덧씌워서 상대방을 있는 그대로 보지 못하면 문제 있는 말을 반복한다.

실제로 아이의 엄마는 상담을 진행하면서 아이를 향한 과도

한 미움과 부담스러움을 알아차렸다. 자신에게 상처를 줬던 엄마와 닮은 아이가 미웠고, 이런 감정이 아이에게 전달되자 아이는 삶에 대한 즐거움과 자신에 대한 좋은 느낌을 잃어 가고 있던 것이다.

그녀는 어린 시절 자신에게 상처를 준 엄마에 대한 원망을 해소하자 자신의 아이가 달라 보이기 시작했다. 미움 대신 행복이 채워지니 아이에게 전하는 말 역시 자연스럽게 변화했다.

에리히 프롬의 《사랑의 기술》에는 이런 문장이 나온다.

"모성애는 어린아이에게 살려고 하는 소망뿐 아니라 '삶에 대한 사랑'을 천천히 길러 준다. 이런 사상은 성서의 다른 이야기에서도 상징적으로 표현돼 있다. 약속된 땅은 '젖과 꿀이 넘쳐 흐른다'고 묘사된다.

젖은 사랑의 첫 번째 측면, 곧 보호와 긍정의 상징이다. 꿀은 삶의 달콤함, 삶에 대한 사랑, 살아 있다는 행복감을 상징한다. 대부분의 엄마가 '젖'은 줄 수 있으나 '꿀'까지 줄 수 있는 사람은 소수다. 꿀을 줄 수 있는 엄마는 '좋은 엄마'일 뿐 아니라 행복한 사람이어야 한다. 그런데 이 목표에 도달하는 사람은 많지 않다. 어린아이에게 미치는 영향은 아무리 심하게 말해도 과장이 될 수 없다. 삶에 대한 사랑과 마찬가지로 엄마의 불안도 감염

된다. 이 두 태도는 어린아이의 퍼스널리티 전체에 깊은 영향을
미친다."

　내 안에 행복이 있어야 그 행복이 바깥으로 흘러 나간다. 그
러므로 자신의 내면에 집중해서 행복을 가로막는 메시지가 무
엇인지 점검해야 한다. 그것이 말과 관계를 변화시키는 가장 강
력한 방법일 것이다.

속사정을 알면
비난도
멈춘다

스티븐 코비는 《성공하는 사람의 7가지 습관》에서 자신이 경험한 일화를 소개한다. 한 남자가 두 아이를 데리고 지하철을 탔다. 남자는 자리에 앉아서 팔짱을 낀 채 고개를 떨궜고 아이들은 지하철에서 장난을 치기 시작했다. 지하철 통로 앞뒤를 오가며 장난치는 아이들을 본 승객들은 눈살을 찌푸렸고 아이들의 행동에 무관심한 남자에게 화가 나기 시작했다. 그때 코비박사는 남자의 어깨를 치며 말했다.

"실례합니다. 당신이 알고 있는지 모르겠지만 당신 아이들이 지금 승객들에게 폐를 끼치고 있어요. 아이들을 좀 통제해 주실

수 없나요?"

그때 남자는 고개를 들며 이렇게 말했다.

"그렇군요. 아이들을 달래기는 해야 하는데 아내가 한 시간 전쯤 세상을 떠났습니다. 저는 무척 힘든 시간을 보내고 있는데 아마 아이들도 저만큼 힘들 거예요."

이 말을 들은 코비 박사는 남자를 향했던 화와 책임감이 없다고 생각한 마음이 사라지고 그의 행동을 깊이 이해하며 공감하게 됐다고 전한다. 타인과 소통할 때 상대방이 그렇게 말할 수밖에 없는 속사정이 있다는 것을 고려한다면 공감하고 이해하는 대화가 가능하다.

아플 때마다
남자 친구가 화를 낸 이유

현욱 씨는 여자 친구 민선 씨와의 관계가 고민돼 상담을 받게 됐다. 현욱 씨의 문제는 여자 친구가 아플 때나 가장 돌봄이 필요할 때 마음과 달리 비난하게 되는 것이었다. 민선 씨는 자신이 힘들 때 가장 의지하고 싶은 남자 친구가 자신을 몰아세우고 비난하자 서운하고 화가 났다. 상담을 진행하고 우리는 현욱 씨가 왜 아픈 여자 친구에게 그렇게 말할 수밖에 없었는지 알게 됐다.

현욱 씨가 어릴 때 엄마는 몸이 아팠다. 늘 아픈 엄마를 돌보며 위급한 상황을 자주 겪어야 했던 현욱 씨의 마음에는 말 못할 상처가 새겨져 있었다. 현욱 씨의 마음에는 자신이 사랑하는 사람이 죽을지도 모른다는 공포심, 혼자 남겨질 것에 대한 불안감이 있었다. 그리고 사랑하는 사람이 약한 모습, 아파하는 모습을 보이면 깊은 두려움을 느꼈다. 그래서 큰 슬픔과 두려움으로부터 자신을 보호하기 위해 가장 강해 보이는 감정인 분노와 비난으로 표현한 것이다.

"사실 여자 친구가 아플 때마다 혹시 잘못될까 봐, 내가 혼자 남게 될까 봐 두려웠어요. 그리고 내가 해 줄 수 있는 것이 없어서 비참했고요."

민선 씨는 현욱 씨의 이유 모를 화와 비난 뒤에 이런 아픔이 있다는 것을 알게 되자 그동안 현욱 씨가 보인 행동을 깊이 이해할 수 있었다.

현욱 씨는 분노로 자신을 지키려는 습관이 관계의 걸림돌임을 깨달았다. 그리고 상담을 하면서 화가 아닌 다른 방법으로 자신의 불안과 두려움을 표현하는 연습을 했다. 상담을 마친 후에도 종종 현욱 씨의 화 때문에 두 사람은 갈등이 생기기도 했지만 관계는 이전보다 더 끈끈해졌다. 민선 씨는 그 이유에 대해 이렇게 말했다.

"제가 아플 때 화를 내는 남자 친구의 모습은 여전히 싫고 미워요. 하지만 제가 잘못될까 봐 두렵고 무서워서 저렇게 표현한다는 걸 알게 되니 안쓰러워 보여요. 그래서 진심을 잘 표현하게끔 도와주고 싶은 마음이 생겼어요. 남자 친구도 노력하고 있고 저도 남자친구를 대하는 태도가 많이 달라졌어요. 이전에는 '왜 화를 내? 감정 조절 장애야?'라고 몰아붙였는데 이제는 '아, 지금 내가 아프니까 불안하고 걱정된다는 거지?'라고 남자 친구의 숨은 마음을 알아주면 대화가 풀리는 것 같아 신기해요."

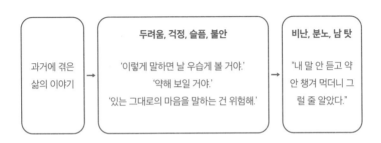

| 과거에 겪은 삶의 이야기 → | 두려움, 걱정, 슬픔, 불안
'이렇게 말하면 날 우습게 볼 거야.'
'약해 보일 거야.'
'있는 그대로의 마음을 말하는 건 위험해.' → | 비난, 분노, 남 탓
"내 말 안 듣고 약 안 챙겨 먹더니 그럴 줄 알았다." |

관계는
당신이 원하는 만큼 가까워진다

상대방의 이해할 수 없는 말 뒤에 숨은 진짜 마음을 고려하려면 노력이 필요하다. 상대방의 말에 즉각적으로 반응하지 말고 상대가 가진 연약한 모습은 무엇인지, 과거의 상처로 인해 익숙해진 표현이 있는지, 그 상처가 말에 어떤 영향을 미치고 있는지 고려해야 하기 때문이다. 그만큼 어렵고 분투해야 하는 일이지만 시간을 들여서 상대방의 속사정을 알아차리고자 노력하는 사람이 있다. 바로 소중한 사람과의 관계를 유지하고 싶은 욕구가 있는 사람이다.

"저는 이 사람과 잘 지내고 싶어요."
"상대방을 이해하면서 도와주고 싶어요."
"서로의 소통 방법을 바꾸고 싶어요."
"저와 상대방의 관계에 변화가 생기길 바라요."
"마음이 닿는 대화를 하고 싶어요."

그리고 상대보다 자아의 강도가 높은 사람이어야 할 것이다. 왜냐하면 상대가 표현하는 말 때문에 겪는 여러 감정을 버텨 낼 수 있어야만 그의 속사정을 고려할 수 있기 때문이다.

한 사람이 이 역할을 하면 분명히 관계의 분위기는 바뀐다. 또한 상대를 이해하려 애쓴 만큼 자신의 마음 역시 깊이 이해할 수 있게 된다.

말이 거칠수록 그 사람의 마음에는 공감받고 싶은 어린아이가 있다. 거칠게 표현해도 이해해 주길 바라며 무조건적으로 사랑받고 싶은 유아적인 마음이 발버둥치고 있다. 마치 엄마의 사랑을 받고 싶은데 '엄마 싫어!'라고 소리 지르는 아이처럼 말이다.

그럴 때 관계를 유지하겠다는 욕구를 갖고 버텨 내는 상대방 덕분에 그 어린아이는 처음으로 이해받는 경험을 하게 될지도 모른다. 자신의 미숙한 표현을 받아 주고 새로이 해석하며 들려주는 상대방의 마음을 내면화하고 점점 솔직하고 부드럽게 소통하는 길이 생길 것이다.

빙빙 돌려
말하지 말고
직구 날리기

감정은 우리가 무엇을 원하고 원하지 않는지를 정확하게 알게 해 준다. 예를 들어 "당신이 나를 이해해 주지 못하는 것 같아서 화가 나"라고 감정을 표현함으로써 상대방에게 이해받고 싶은 자신의 욕구와 만날 수 있다. 그러면서 자신이 화가 난 이유를 깊이 이해하게 된다.

반면 같은 상황에서 "너는 왜 항상 그런 식으로 말해?"라고 상대방을 비난한다면 결국 자신의 숨은 욕구와 만나지 못하고 스스로를 이해하기도 어렵다. 더불어 상대방과 문제가 생기면서 상대와 상황을 원망하면 관계는 잿빛이 돼 간다.

관계를 긍정적으로 유지하고 싶은가? 그렇다면 자신의 욕구,

감정과 먼저 연결돼야 한다. 그렇지 않으면 상대방과는 물론이
고 자기 자신과도 단절될 수밖에 없다.

핀잔만 주는 아내, 눈치만 보는 남편

어느 부부가 상담실을 찾아왔다. 아내는 남편과 도무지 대화
가 통하지 않고 남편을 자신밖에 모르는 이기적인 사람이라고
말했다. 남편은 아내를 위해 최선을 다하지만 자신의 노력을 알
아주지 않고 요구만 하는 아내가 버겁다고 말했다.

나는 일상적인 주제로 부부가 대화하는 모습을 관찰했다. 그
모습을 지켜보면서 아내가 왜 남편을 이기적이라고 말하고, 남
편의 노력이 왜 아내에게 가닿지 않는지 알 수 있었다. 바로 마
음이 연결되지 않는 소통이 문제였다.

"당신, 나 오늘 힘든 일 있던 거 뻔히 알면서 왜 집안일 안 도
와줘?"

"내가 안 도와주려고 한 게 아니라, 집에 오니 당신이 울고 있
었잖아. 그래서 내가 어떻게 해야 할지 몰랐어. 내가 근처에 있
으면 당신이 더 힘들까 봐 자리를 피해 주려고 잠시 방에 들어

갔던 거야. 나도 도와주고 싶었는데 괜히 부엌에서 시끄럽게 소리 내면 당신이 싫어할 것 같았어."

아내는 처음부터 자신이 원하는 것을 분명하게 전하지 않았다. 그러면서도 남편이 알아서 자신을 챙겨 주길 바라는 기대가 있었다. 남편의 말은 차분하고 따뜻했지만 상황에 대한 설명만 있을 뿐 역시 감정과 욕구는 빠져 있었다.

갈등이 생겼을 때 자신이 무엇을 느끼고 원하는지가 대화에 빠져 있다면 상대방과 연결되기가 어렵다. 이 부부는 상담을 이어 가면서 자신의 감정과 욕구로부터 단절된 상태였기에 서로의 대화가 어긋났다는 사실을 알게 됐다.

아내는 아빠의 부재로 자신이 집안의 가장을 도맡으며 남동생과 엄마를 살뜰히 챙겼다. 그 과정에서 자신의 욕구나 감정을 솔직하게 표현하는 것은 사치라고 생각했다. 속마음을 털어놓고 싶어질 때면 남동생과 엄마가 힘들어하는 모습을 떠올리며 감정과 욕구를 숨겼다.

이런 억압 때문에 자신이 원하는 것을 정확하게 말하지 않아도 누군가 알아서 해 주길 바라는 기대와 환상이 생겼다. 남편에게 바라는 점이 있지만 그 기대와 욕구는 마음속에만 머물 뿐 표현된 적이 없었다. 결국 그녀에게 남편은 아내의 욕구를 몰라주고 늘 좌절시키는 상대였다.

남편 또한 자신의 감정을 들여다보는 일이 서툰 사람이었다. 조금만 불편한 기색을 꺼내도 혼비백산했던 엄마를 보고 자란 탓에 감정을 솔직히 표현하는 일이 상대방을 무너지게 한다는 신념도 생겼다. 그래서 남편은 대화할 때 자신의 감정은 빼고 상황에 대한 설명만 늘어놓았다. 남편에게 지금 기분이 어떤지 묻자 한동안의 침묵 끝에 이렇게 말했다.

"선생님, 제가 지금 어떤 마음인지 전혀 모르겠습니다. 제 감정을 모르니 아내의 마음도 헤아리기 힘들었던 것 같아요."

남편은 자신이 느끼는 감정을 말할 수 없으니 상황을 설명하면서 불편한 상황을 벗어나려 했다. 하지만 아내의 마음을 진심으로 헤아릴 수 없었기에 대화가 어긋났던 것이다.

감정과 욕구를 함께 말하는 방법

심리 치료사 마거릿 폴은 《내면아이의 상처 치유하기》에서 자신과 단절되는 상황을 설명한다.

"내적 갈등은 어떤 방식으로 느끼거나 행동해야만 한다는 생각과 본능적 감정 및 사고방식 간의 차이에서 비롯된다. 자신의 감정을 무시하고 행동한다거나 자신의 느낌과는 반대로 행동하거나, 어떤 감정이 드는데도 그것에 상응하는 행동을 취하지 않는 것이 내적 갈등에 해당한다. 이런 내적 갈등을 해결하지 못하면 진정한 자신과 단절된다. 이러한 단절은 자신에 대한 불만족과 불행으로 이어지는 내면의 혼란을 가져온다."

나아가 마거릿 폴은 "자신의 감정과 단절되면 타인에게도 단절된 방식으로 행동한다. 이는 타인뿐만 아니라 자신과의 단절을 더욱더 고조시킨다"라고 말하며 자기 자신과의 단절이 타인과의 관계에도 영향을 준다고 설명했다.

그동안 자신의 감정과 욕구를 잘 알아차리지 못한 사람에게는 자신의 감정을 표현하는 연습이 필요하다. 그러다 보면 이 과정이 타인과의 관계에 얼마나 중요한 영향을 미치는지 알게 될 것이다.

그런데 한 가지 주의할 점이 있다. 불편한 상황마다 상대를 고려하지 않고 자신의 감정만을 말하는 과도기를 지나야 한다는 것이다.

"네가 늦게 와서 초조해", "네가 그렇게 말하니 서운해", "나와의 약속을 안 지키니 실망스러워"와 같이 자신의 감정만 말하다 보면 상대방은 자신이 부정적인 감정만 느끼게 하는 사람이라는 죄책감과 자기 부족감을 경험한다. 상대방을 탓하는 메시지를 주지 않으면서도 자신과 단절되지 않는 방법이 있을까? 욕구와 감정을 함께 전달하는 것이 그 방법이다.

"너랑 일찍 만나서 여행 스케줄을 같이 정하고 싶었는데 시간이 부족해서 마음이 초조해졌어."

내가 초조한 이유가 단지 상대방이 늦어서가 아니라 이런 욕구가 있었기 때문이라고 전함으로써 상대방이 불필요한 방어를 하지 않도록 한다.

게슈탈트 심리 치료사 욘 테프와 제이콥스는 2008년에 발표한 논문 〈Gestalt therapy〉에서 이렇게 말한다.

"인간은 노력을 통해 완전해진다. 지금의 경험과 동일시하면서, 또 실제로 일어나고 있는 것과 접촉하면서, 현재 느끼고 바라는 것을 알고 신뢰하면서, 그리고 자신이 무엇을 하고자 하며

할 수 있는지 또는 하기를 꺼려하는지에 관해 자신과 타인에게
솔직하면서 완전해진다."

내 기분을
부드럽게
표현하는 기술

관계에서 외로움과 공허함을 느끼고 있는가? 사랑하는 사람과 말이 통하지 않아 괴로운가? 그렇다면 먼저 자신 안의 감정, 욕구와 연결되는 연습을 해 보자. 나 자신과의 연결은 곧 다른 사람과의 연결을 가능하게 해 준다.

다음은 단절된 대화의 여섯 가지 특징이다. 만약 당신의 대화가 다음과 같이 흘러가고 있다면 자신의 감정, 욕구와 연결되지 않았을 확률이 높다.

1) 상황만 설명하기
2) 분노, 짜증, 비난, 위협처럼 방어적으로 반응하기

3) 침묵하거나 자리 피하기와 같은 회피

4) 상대의 감정과 욕구에 모두 맞추는 억압

5) 농담하면서 감정으로부터 멀어지기

6) 자신의 감정은 제쳐 두고 상황에 대한 불평불만 늘어놓기

나의 감정, 욕구와 연결돼라

대화를 이어 나가기 위해서는 두 가지 과정이 필요하다. 첫 번째는 감정과 연결하기다. 초조함, 실망감, 분노, 죄책감, 서운함 등 내가 느끼는 감정을 말로 찾아본다. 그런 후에 상대방에게 전달해 보자.

"나는 네가 약속을 지키지 않을 때 서운했어."

두 번째는 욕구와 연결하기다. 해당 감정이 일어난 원인을 생각해 보고 자신이 원하는 것이 무엇이었는지 충족되지 못한 욕구를 함께 표현해 본다.

서운함의 원인은 '함께 여행 일정을 짜고 싶어서', '너와의 데이트를 기대했기 때문에', '니힌데 수고했다고 격려받고 싶었기

때문에' 등이 될 수 있다. 이 마음을 다음과 같이 말로 표현할 수 있다.

"나는 네가 약속에 늦어서 서운해. 왜냐하면 너와의 데이트를 정말 기대했는데, 네가 나와 한 약속을 잊은 것 같았거든."

상대방에게 기대했던 상황, 반응을 들여다보는 과정은 결국 자신의 본심에 한 발 다가가는 것과 같다. 감정에 휘둘리지 않고 감정의 주인이 돼 스스로가 원하는 것을 알아차리는 것과 그 과정에서 감정의 의미를 재구성하는 것. 이 모든 시도는 상대방과의 관계를 회복할 뿐 아니라 자신의 억압된 마음을 세밀하게 발견하며 자신과의 친밀감도 높여 줄 것이다. 그리하여 자신을 보다 더 만족스럽게, 뿌듯하게 느끼며 자아의 힘도 더 견고해지는 신비로운 경험을 꼭 해 보길 바란다.

다음은 욕구와 관련된 단어들이다. 이를 참고하여 자신의 욕구와 감정을 말로 표현하는 연습을 해 보자.

욕구가 충족되지 못할 때의 느낌

걱정하다 / 당황스럽다 / 불안하다 / 좌절스럽다 / 절망스럽다 / 실망하다 / 혼란스럽다 / 불편하다 / 무기력하다 / 의기소

침하다 / 슬프다 / 꺼림칙하다 / 초조하다 / 풀이 죽다 / 찝찝하다 / 외롭다 / 언짢다

충족되길 바라는 욕구

이해받고 싶은 / 자유롭고 싶은 / 축하받고 싶은 / 신뢰를 받고 싶은 / 솔직했으면 / 존중받고 싶은 / 친밀해지고 싶은 / 사랑받고 싶은 / 즐거움을 나누고 싶은

소통을
좌우하는
인생 필름 닦기

　나도 모르게 거친 말을 내뱉고 부정적인 말이 튀어나온 적이 있는가? 그렇다면 당신의 마음속에 행복을 가로막는 부정적인 '인생 필름'이 있지는 않은지 점검해 보자. 우리가 해야 할 일은 부정적 감정으로 얼룩진 인생 필름을 깨끗하게 만드는 것이다.

　필름의 정체는 나에게 영향을 줬던 사건들, 내가 익숙하게 겪은 감정들, 나의 경험들일 수 있다. 원인이 무엇이든 이 필름을 깨끗하게 만들면 상대방을 있는 그대로 볼 수 있고 필름에 찍히는 나의 표현 방식을 관리할 수 있다. 인생 필름을 깨끗하게 만드는 방법에는 다음과 같은 것들이 있다.

부정적 필름을 뒤덮을
더 강력한 필름 붙이기

소중한 사람과 자꾸 갈등이 생기는가? 그렇다면 상대방과 함께 느꼈던 긍정적인 기분, 즐거운 감정이 떠오르는 사진을 집안 곳곳이나 소지품에 붙여 놓고 자주 보며 긍정적인 감정을 자주 느끼도록 한다. 이것은 몸속에 있는 '부정적 판단 바이러스'를 뒤덮을 '긍정 백신'을 투여하는 것과 같다. 이 경험이 반복되면 상대방에게 고착된 부정적 감정이 긍정적으로 변하고 상대방을 있는 그대로 바라볼 수 있게 된다.

상담 장면에서도 이와 유사한 심리 치료 기법을 사용한다. 정서 신경 과학을 바탕으로 개발된 자비 중심 치료 중 하나로, 자신의 마음속에 자비로운 인물을 만들고 자신이 그 인물이 된 듯이 상상하는 것이다. 대상의 얼굴과 옷차림을 구체적으로 시각화하면 자신의 숨은 자비로움을 더욱 잘 경험하게 된다. 그 덕분에 자신을 돌보고 진정시키면서 관계를 지키는 감정 조절력을 기를 수 있다.

부부 관계를 치료하는 데 효과적인 긍정적 홍수 기법도 있다. 이것은 긍정적인 에너지를 서로에게 공유하는 활동이다. 배우자에게 긍정적 에너지를 충분히 표현하면 뇌에 새로운 경로를 만들어서 상대방을 있는 그대로 바라보게 된다. 더불어 스스로도 긍정적인 가치를 지닌 사람으로 경험하는 치료 기법이다.

신경 과학자 앤드류 뉴버그 박사와 의사소통 코치 마크 로버트 월드먼은 《왜 생각처럼 대화가 되지 않을까?》에서 다음과 같이 주장했다.

"말에는 몸과 마음의 스트레스를 조절하는 유전자 발현에 영향을 미칠 정도로 힘이 있다."

긍정적인 단어를 떠올리기만 해도 뇌의 특정한 영역이 자극을 받아 자기 인식이 변하고 더불어 타인을 바라보는 방식도 긍정적으로 변화한다고 설명한다.

긍정 정서와 관련된 뇌 영역이 활성화되면 정서 조절 체계에도 영향을 미친다. 부정적인 감정을 많이 느끼면 그로부터 방어하고 도피하기 위해 공격적으로 반응하는 뇌 영역이 활성화된다. 반면에 긍정적인 뇌 영역이 활성화되면 자신을 진정시키고 불편한 감정으로부터 견딜 수 있는 기반을 다지게 해 준다.

이런 연습들은 말의 변화뿐 아니라 왜곡된 생각들을 바로잡고 스스로를 어떻게 느끼는지를 의미하는 자기 이미지 변화에도 효과적이다. 긍정적인 경험과 감각을 쌓아 나가며 자신을 긍정적으로 느낄수록 관계는 눈에 띄게 개선될 수 있다.

긍정 언어로
나의 욕구와 감정을 전하기

도현 씨는 "그 사람은 구제 불능이다", "제발 그렇게 좀 안 했으면 좋겠다"라는 원망 어린 표현을 자주 했다. 나는 도현 씨에게 상대방이 어떻게 해야 구제 불능으로 느끼지 않을지, 상대방이 어떤 행동과 말을 하면 자신을 존중해 준다고 여길지, 어떻게 행동하면 도현 씨가 더 행복해질지를 물었다. 도현 씨는 쉽게 대답하지 못했다.

상대방을 비난한다는 것은 '저 사람이 이렇게 해 줬으면' 하는 욕구가 숨어 있다는 뜻이다. 하지만 비난하고 통제하고 원망하기를 반복하면 자신의 욕구는 사라지고 자극적인 감정만 남는다. 그러다 자신이 왜 상대방을 탓하는지도 모른 채 부정적인 말 습관을 갖게 된다.

관계를 지키고 싶다면 비난하거나 통제하는 말 대신 자신의 욕구와 감정을 표현하는 긍정적인 언어를 사용해야 한다. 그래야 상대방도 내 요구를 받아들일 수 있고, 서로에게 상처를 주는 소모적인 대화로 이어지지 않을 수 있다.

오늘부터 긍정 언어로 나의 욕구와 감정을 전해 보면 어떨까? "나한테 이래라저래라 간섭하지 마" 대신 "그럴 때는 이렇게 말해 줘"로, "내가 힘들 때 충고 좀 하지 마" 대신 "내가 힘든 날에는 조언보다 힘들었겠다고 위로해 주면 좋겠어"로 표현해 보는 것이다.

귀를 열면
관계가
풀린다

"진정한 발견이란 새로운 경치를 찾는 것이 아니라 새로운 눈을 갖는 것이다."

프랑스의 유명 소설가 마르셀 프루스트의 명언이다. 나는 이 말을 이렇게 바꿔 보고 싶다.

"진정한 소통이란 새로운 사람을 찾는 것이 아니라 새로운 귀를 갖는 것이다."

소통에서 말하기만큼 중요한 것이 듣기다. 우리는 자신의 내면세계가 반영된 현실을 살아간다. 마음속에 무시당하고 싶지 않은 욕구가 가득한 사람은 상대방의 말을 듣고 '저 사람 지금 나 무시하는 말을 한 거지?'라고 오해하기 쉽다. 비난받고 싶지 않은 열망이 강한 사람은 실제로는 그렇지 않아도 상대방이 자신을 비난한다고 생각하게 된다.

이처럼 상대방의 말을 있는 그대로 듣지 못하면 제대로 소통할 수 없다. 자신을 보호하기 위해 과도하게 반응하거나 상한 감정을 숨기느라 마음이 복잡해지기 때문이다.

사람들은 자신의 말을 잘 들어 줄 수 있는 사람을 찾아 헤맨다. 하지만 프루스트의 명언을 각색했듯이 진정한 소통을 위해서는 다르게 말해 줄 대상을 찾기보다는 내가 상대방의 말을 새롭게 듣는 훈련을 하는 것이 낫다. 소통에 서툰 사람도 잘 들어 주는 사람 앞에서는 마음의 문을 열고 대화할 수 있다.

상대방의 말을 오해하게 되는 과정

잘 소통하려면 어떻게 들어야 할까? 우선 짐작하지 않고 듣는 연습이 필요하다.

민수 씨는 늘 사람들의 말을 짐작하며 들었다. "저 사람이 저렇게 말하는 건 내가 싫어서야"라며 상대방의 말 뒤에 숨은 의도를 추측했다. 사람들의 말을 자신의 행동을 향한 비난이나 무시로 여겼다. 그러다 보니 민수 씨는 자주 화가 났고 상대방에게 "제가 싫으면 없어져 드릴게요", "남편을 무시하고 말이야"라는 말을 하며 갈등을 겪느라 마음이 괴로웠다.

민수 씨가 상대방의 말을 자신의 행동과 연결한 이유는 다른 사람과 친밀감을 느끼고 싶은 욕구 때문이었다.

오래전부터 가족들에게 소외감을 느낀 민수 씨는 깊이 연결된 친밀감을 느끼기가 어려웠다. 늘 외롭고 혼자 있는 듯한 기분을 느낀 민수 씨는 누군가와 연결되고 어딘가에 소속되기를 바랐고 자신이 사람들에게 영향을 미친다고 느껴야 했다. 그러기 위해서는 타인과의 심리적 경계를 없애야 했다. 무의식적으로 상대방의 모든 말과 행동을 자신을 향한 것으로 생각하며 반응하는 방식을 선택한 것이다.

민수 씨는 이렇게 부정적인 연결감이라도 느껴야 다른 사람들에게 의미 있는 존재가 될 수 있다고 믿었다. 만약 민수 씨처럼 상대방의 모든 말이 자신을 향한 의도가 있다고 짐작하게 된다면 어떻게 해야 할까? 우선 그렇게 생각하게 된 이유를 들여다보고 대화의 방식을 바꿔야 한다.

오해를 이해로 바꾸는
되묻기, 반영하기

첫 번째로 되묻기를 이용한다. 상대방의 말을 오해할 것 같다면 "다시 한 번 말해 줄 수 있나요?", "그 말이 제 마음에 조금 남는데, 무슨 뜻인지 이야기해 줄 수 있나요?"라고 말하며 구체적인 설명을 요청해 보자. 상대방의 의도가 분명히 나를 향한 비난이었다면 다른 설명을 들어도 같은 마음이 들 것이다. 하지만 그게 아니라면 상대방이 내가 오해하지 않도록 다시 이야기해 줄 것이고, 내가 그 사람의 마음을 얼마나 왜곡했는지 확인할 수 있다.

두 번째는 반영하며 듣는 것이다. 반영하며 듣기란 상대가 한 말을 거울에 비추듯이 들려주는 행위로 상대방의 말을 잘 듣고 있다는 신호로 쓰인다. 대화를 할 땐 상대방이 내 말에 귀 기울이고 있다는 사실만으로 마음을 열게 되고 소통의 문도 활짝 열린다.

하지만 상대방의 말을 오해하면 상대의 말을 집중해서 듣기 어려워진다. 다음 예시를 보며 우리가 대화 속에서 어떻게 상대의 말을 잘못 듣는지 살펴보자.

A: 와, 저 커플은 정말 서로 존중하며 이야기하네. 보기 좋지?

B: 내가 저 남자보다 별로란 거지? 그래, 나도 저런 여자랑 대화
할 때 저렇게 말해야겠다. (질투심 때문에 왜곡된 거울 반응)

A: 나는 우리가 너무 자주 다퉈서 속상해. 어떻게 우리 관계를 이
어 나가야 할까?

B: 나랑 그만하고 싶다는 말이지? 나도 지긋지긋하다. (거절감 때문
에 왜곡된 거울 반응)

A: 정말 오랜만에 이런 근사한 곳에서 데이트하네.

B: 너도 나도 참 불쌍하지. 이런 곳에 매일 오는 사람도 있는데.
미안하다, 내가 못난 사람이라. (수치심 때문에 왜곡된 거울 반응)

이런 대화는 상대방의 의도를 왜곡해 소통을 방해한다. 왜곡
된 거울 반응이 나타나는 이유는 유독 취약한 감정들이 대화 도
중 쉽게 나타나기 때문이다. 취약한 감정이 누군가에게는 질투
심일 것이고 누군가에게는 거절감일 수 있다. 자신의 취약한 감
정이 느껴지면 상대방의 말을 있는 그대로 듣기 어려워진다. 자
신을 보호하기 바빠지기 때문에 상대방의 말을 듣는 감각 기관
이 차단되기 때문이다.

왜곡된 거울을 평면거울로 바꾸기 위해서는 상대방의 말을 한 번 더 확인하는 연습이 필요하다. "내가 이해하기로는", "그러니까 네 말은", "그랬구나"라는 말을 사용하면서 상대방이 한 말을 반영하며 언급하는 것이다.

A: 와, 저 커플은 정말 서로 존중하며 이야기하네. 보기 좋지?

B: 내가 이해하기로는, 저 커플이 서로 존중하며 이야기하는 모습이 당신에게 좋게 느껴진다는 거지?

꾸미거나 덧붙일 필요 없이 상대방이 말한 내용을 한 번 더 거울처럼 비춰 줌으로써 상대방의 말을 오해하려는 내면으로부터 한 걸음 멀어질 수 있다.

A: 나는 우리가 너무 자주 다퉈서 속상해. 어떻게 우리 관계를 이어 나가야 할까?

B: 그러니까 네 말은 우리가 너무 자주 다퉈서 우리 관계를 어떻게 이어 가야 할지 막막하다는 거구나.

A: 정말 오랜만에 이런 근사한 곳에서 데이트하네.

B: 그랬구나. 정말 오랜만에 근사한 곳에서 데이트한다고 느끼

는구나.

이렇게 상대방의 말을 반영하며 대화하다 보면 대화 내용을 더 정확하게 기억할 수 있고 자신의 생각대로 해석하는 것을 막아 준다. 그리고 반영한 말을 듣는 상대방은 '저 사람이 내 말을 오해하지 않고 있는 그대로 들어 주는구나' 하며 안정감을 느끼고 자신의 속 깊은 이야기를 꺼낼 수 있을 것이다. 또한 설령 상대방의 말을 듣고 감정이 상했더라도 상대방의 말을 한 번 더 들려주고 정리함으로써 감정이 솟구치는 것을 막을 수 있다.

호감 가는
사람의
인정하기 화법

잘 듣기 위해서는 인정하며 듣는 연습이 필요하다. SBS 예능 프로그램 〈런닝맨〉에서 개그맨 유병재 씨와 배우 전소민 씨의 대화가 화제가 된 적이 있다. 다른 출연자들이 유병재 씨와 전소민 씨를 연결해 주기 위해 "소민이 되게 귀여운데?"라고 말했다. 그러자 유병재 씨는 "외모가 귀엽거나 애교 부리고 이렇게 귀여운 게 아니라, 약간 좀 허점이 많고"라고 말했고 전소민 씨는 곧바로 "그러면 난데"라고 답했다. 유병재 씨가 "그게 아니라"라는 표현을 반복하며 재치 있게 거절을 표현하자 주변 사람들이 웃으며 화기애애한 분위기가 연출됐다.

그러나 예능 프로그램이 아닌 일상에서 이런 대화를 하면 어떨까? 우리가 누군가에게 수없이 거절당한다면 더는 상대방과 대화하고 싶지 않을 것이다.

판단하지 않고
인정하기

"아니 그게 아니라!"

"아니야. 내가 듣기로는…."

"그거 아닐걸?"

"뭘 그렇게까지 생각해."

"왜 그렇게 말하는 거야?"

대화 중 상대방이 이런 표현을 한다면 거절감을 경험하게 된다. 상대방의 말을 인정한다는 것은 옳고 그름을 판단하는 것이 아니다. 충분히 그렇게 생각하고 느낄 수 있겠다며 상대방을 온전히 이해하는 태도다. 이런 인정의 표현으로는 "그렇게 느낄 수도 있겠다", "네 말이 이해가 된다" 등이 있다.

A: 저번에 같이 여행 가는 거 좋다고 했잖아. 그런데 왜 말을 바꿔? 진짜 변덕스러워.

B1: 아니 그게 아니라, 내가 언제든 좋다고 말한 건 아니잖아. (인정하지 않기)

B2: 그래. 그렇게 느낄 수도 있겠다. 네 말도 이해가 돼. (인정하기)

나의 말을 넘겨짚은 상대방일지라도 우선 인정해 주는 말을 건넨다면 "사실 나도 이렇게까지 느낄 일은 아닌데"라는 반응을 보일 수도 있다. 자신의 감정과 행동을 인정받으면 안정감이 생기고 생각이 확장되면서 자신의 문제점이 보이기 때문이다. 반면 "넌 왜 그렇게 느껴?"라며 공격적으로 말한다면 상대방 역시 반박하기 위해 소모적인 대화를 반복하게 될 것이다.

상대방의 노력을 인정하기

또 다르게 인정하며 듣는 방법도 있다. 대화할 때 상대방이 노력하는 지점을 알아차려 주는 '노력에 대한 인정'이다. 특히 부부 상담을 하다 보면 노력을 인정해 줄 때 서로의 친밀감이 회복되고 더욱 적응적으로 대화하게 되는 모습을 보곤 한다.

예를 들면 아내가 "소리를 줄여서 말하면 좋겠어"라고 하자 남편은 작게 이야기하려 노력했다. 대화가 끝날 무렵 아내는 남편에게 "당신이 목소리를 줄이니까 내가 긴장하지 않고 대화가 훨씬 잘 통한 것 같아서 좋았어"라고 말하며 남편의 노력을 인정해 줬다. 이렇게 상대방이 나를 위해 애쓴 부분을 인정해 주는 것 또한 잘 듣기 위한 방법 중 하나다.

소통은 음성 언어뿐만 아니라 비언어도 포함된다. 눈을 맞추고, 같이 눈물을 흘리고, 손을 잡고 말하고, 상대방 쪽으로 몸을 돌려 말하는 것 모두 언어다. 하지만 사람들은 비언어적인 노력에 대한 인정과 반응은 잘 하지 않는다.

"눈을 맞추면서 대화하니 훨씬 좋아", "손잡으면서 이야기하니 훨씬 말하기가 편해"라고 말해 준다면 상대방은 자신의 노력이 전해진 것을 보면서 이런 행동을 더 자주 하게 될 것이다.

당신의 몸짓도 주의 깊게 보고 있다는 신호를 주고받으면 서로의 진심이 전해지고 참다운 소통에 한 발 가까워질 것이다.

마음에
양질의 음식
먹이기

   심리 상담가 김도애 씨는 저서 《주머니 속의 행복》에서 사람의 마음을 이루는 데 꼭 필요한 것들을 음식으로 비유하며 설명했다. 건강한 몸을 구성하는 데 필요한 양식이 있듯이 건강한 마음을 구성하기 위해 필요한 양식이 있는 셈이다.

   사람들은 건강한 몸을 만드는 양질의 음식을 먹을 수 없을 때 대체 음식으로 허기짐을 채우려고 한다. 오래전 보릿고개를 넘기기 위해 소나무 껍질을 먹었다든지, 산에서 조난됐을 때 칡뿌리, 나무 열매, 버섯 등을 찾아 먹으며 연명했다는 것처럼 말이다. 이런 대체 음식은 영양소는 부족하지만 배고픔을 달래 주고 생명을 유지해 준다. 우리는 상황이 여의치 않을 땐 대체 음식이라도 섭취하고자 하는 강한 본능을 갖고 있는 것이다.

그러나 대체 음식만 먹고 산다면 살아 있긴 해도 몸이 제대로 기능하기는 어렵다. 영양실조에 걸릴 수도 있고 신체 부위의 기능도 떨어질 것이다. 마찬가지로 몸뿐만 아니라 마음이 성장하고 유지되기 위해서도 양질의 음식이 필요하다. 이때 마음의 양식은 바로 사랑이다.

사람	몸-영양소	밥, 반찬(양질의 음식)	건강한 몸
		풀뿌리, 라면(대체 음식)	영양실조, 기형
	마음-사랑	인정, 관심(양질의 음식)	건강한 성격, 바른 행동
		미움(대체 음식)	병든 성격, 부적응 행동

저자는 "많은 사람이 사랑의 필요성은 안다. 하지만 그것을 본인이나 소중한 사람이 먹을 수 있도록 요리하는 방법을 모르기에 다른 사람들에게 사랑을 전해 주지 못한다"라고 말한다. 몸에 필요한 영양분을 밥과 반찬이라는 음식물로 섭취해야 소화가 되듯이, 사랑도 섭취할 수 있는 형태여야 삶의 건강한 에너지가 된다. 그리고 의사소통이야말로 섭취할 수 있는 사랑의 양식이라고 알려 준다.

우리는 사랑받고 있다고 느낄 때 즐겁고 힘이 난다. 사랑받는 느낌은 의사소통으로 전해져야만 내 마음을 배불릴 수 있다. 사랑한다는 표현, 나를 알아봐 주는 관심, 수고했다는 격려, 너와 함께 있어 행복하다는 감정의 전달, 애썼다는 인정, 힘들었겠다는 공감과 위로 등은 그야말로 사랑을 전해 주는 매개체다.

마음에 이런 매개체가 주어지지 않으면 사람들은 대체 음식을 취한다. 사랑의 대체 음식은 비난하는 말, 탓하는 말, 무시하는 말, 알아주지 않는 무관심, 사랑을 표현하지 않고 거리를 두는 행동, 미워하는 표현 등이다.

무관심보다
상처 주는 말이 낫다고 생각하는 이유

어떤 사람의 말과 행동을 보면 대체 음식에 길들여진 것 같다. 예를 들어 자녀가 부모의 기준에 미치지 못하는 시험 성적을 받은 상황이 있다. 이때 사랑을 표현하는 부모는 이렇게 말한다.

"네가 열심히 준비했는데 결과가 만족스럽지 않아서 속상하겠다. 엄마랑 아빠도 네가 얼마나 고생했는지 지켜봤으니까 네 마음을 이해해."

반면 사랑을 표현하지 못하는 부모는 이렇게 말한다.

"내가 뭐랬어? 열심히 하라고 할 때 안 하더니 그럴 줄 알았다. 도대체 너는 누굴 닮아서 항상 그 모양이니?"

어떤 상황에서든 대체 음식을 주고받는 것에 익숙한 사람들이 있다. 이런 사람들은 누군가가 사랑을 표현하는 것마저 거북해한다. 마치 외국에 나가서 익숙하지 않은 음식을 보면 거부감을 느끼는 것처럼 말이다. 사랑과 관심, 공감과 이해를 누리고는 싶지만 그것이 어떤 느낌인지 모르기 때문에 줄 수도 받을 수도 없다.

대상관계 이론가인 페어베언은 이렇게 불행감을 느끼면서도 상처 주기를 반복하는 이유를 설명했다. 이런 사람들이 경험하고, 느끼고, 알고 있는 관계의 모습이 상처를 주고받는 형태밖에 없기 때문이다.

태어난 지 얼마 안 된 나에게 가장 의미 있는 관계는 부모와의 관계다. 그런데 부모와 사랑이 없는 대체 음식을 주고받았다면 어떨까? 고통스럽고 누군가에게 상처를 주는 소통 방식이지만 익숙한 탓에 나인과의 관계에서도 반복하게 될 것이다.

이 세상에서든, 관계에서든, 스스로가 아무 의미 없는 존재라고 느끼는 일은 마음에게 내리는 사형 선고와 같다. 나는 인종 차별을 다루는 어느 영화에서 이와 비슷한 상황을 본 적이 있다. 주인공 흑인이 눈을 보고 인사를 해도, 스킨십을 해도 백인들은 아무 반응도 해 주지 않았다. 각자 제 갈 길을 가며 투명 인간 취급을 할 뿐이었다. 소리를 지르기도 하고, 넘어져도 봤지만 아무도 알아주지 않자 주인공은 불을 지르고 문제를 일으키며 자신의 존재감을 더욱 강하게 알리려고 했다.

마음의 원리도 이와 마찬가지다. 세상과 사람으로부터 반응을 얻지 못하면 나는 무의미한 존재가 되고, 이렇게 살아가는 것은 죽는 것보다 고통스러울 수 있다. 그래서 내 마음에 상처를 내는 아픈 말과 행동일지라도 누군가의 관심이 있어야 스스로가 살아 있고 의미가 있는 존재라고 느낀다. 잘못된 표현일지라도 관심이라는 대체 음식을 먹어야 마음의 생명을 연명할 수 있는 것이다.

상처 주는 말이라도 반복적으로 주고받는 이유는 마음이 생존하기 위해서다. 신체의 항상성과도 비슷하다. 우리 몸이 일정한 상태를 유지하고자 하는 것처럼, 마음도 어떤 모양을 갖춘 후에는 그것이 일그러졌더라도 형태를 유지하려고 한다. 상대방과 소통하며 친밀함을 누리고 싶지만 인정 한마디, 칭찬 한마디 뱉기가 어려운 이유도 마음의 항상성 때문이다.

내 말을
왜곡하지 않고
표현하는 법

딸을 너무나 사랑하는 엄마가 있었다. 하지만 마음과 달리 엄마는 딸에게 늘 말로 상처를 줬다.

"너 집안일이 이게 뭐니?"
"너 자꾸 이런 식으로 하면 남편이 도망간다."
"이 식당은 왜 이렇게 비싸? 돈값을 못 하네."

어쩌면 딸을 생각해서 한 말들일지도 모른다. 남편과 이혼한 자기의 삶을 떠올리며 딸이 혼자 남지 않기를 바라는 마음, 남편에게 더 사랑받길 바라는 마음, 힘겹게 번 돈으로 엄마를 대접하는 자식들의 호주머니를 걱정하는 마음이었을 것이다.

하지만 이런 대체 음식만 주는 엄마의 말은 딸의 입장에서 전혀 이해되지 않는다. 엄마의 속마음을 이해하기는커녕 엄마와 거리를 두고 싶어진다. 엄마의 입장에서는 대체 음식이 익숙하겠지만, 나와 상대방의 행복을 위해서는 말에 변화를 줘야 한다. 그러기 위해서 다음과 같은 질문을 해 보자.

"내가 뭘 얻고 싶어서 이런 방식으로 말하는 걸까?"
"지금 이 말이 내가 원하는 걸 얼마나 얻게 해 줄까?"
"이 대화로 내가 원하는 것을 얻는 데 도움이 됐나?"
"이 말이 상대방을 오해하게 만들지는 않을까?"

당신도 한번 답해 보라. 만약 대답하기가 어렵거나, 나의 대화 방식으로 내가 원하는 것을 얻지 못했거나, 오히려 나와 상대방을 오해하게 만들었다면 당신은 지금까지 대체 음식을 주고받았던 것이다.

내 말이 의도와 다르게 표현되는가? 그렇다면 먼저 스스로 양질의 음식을 맛보고, 충분히 누리며 입맛을 바꾸는 노력이 필요하다. 제대로 의사소통하기 위해서 다음과 같은 활동이 도움이 된다.

타인과 잘 소통하고 싶다면
나만의 안전지대가 필요하다

트라우마를 경험한 환자들을 치료하기 위한 그라운딩 전략 중 하나로 안전지대법이 있다. 말 그대로 내 마음에 안전지대를 만드는 방법이다. 트라우마를 경험한 사람은 강한 스트레스 상황에서 스스로를 통제하기를 어려워한다. 과거에 경험했던 부정적인 생각과 감정에 빠져서 현실적으로 판단하고 느끼지 못하는 것이다. 그로 인해 스스로 통제할 수 없다는 자아의 상실감을 느낀다.

내가 통제할 수 없을 것 같은 감정이 느껴질 때, 대체 음식을 주고받고자 하는 충동이 느껴질 때 내 마음의 안전지대에 들어가면 감정을 다스릴 수 있다. 감정의 주도권을 잡고 자아감도 유지할 수 있는 것이다.

다음은 안전지대를 경험하는 방법이다.

"의자에 손님 한 분을 초대해 봅니다. 지혜로운 사람, 따뜻한 사람, 내가 힘들 때 나를 도와주고 위로와 공감 능력을 가진 한 사람을 초대해 봅니다. TV에서 봤던 드라마 주인공도 괜찮습니다. 소설이나 영화 속 인물도 좋습니다. 종교가 있는 분이라면 영적인 대상이 될 수도 있겠습니다.

그분을 초대했다면 이제 마음의 눈으로 이 의자에 앉은 그분의 표정을 바라봅니다. 그분의 헤어스타일과 입고 있는 옷과 표정과 목소리를 마음의 눈으로 봅니다. 그분의 분위기를 느끼고 경험합니다. 그리고 이제 내 마음이 어려울 때, 외로울 때, 슬픔을 느낄 때, 좌절을 느낄 때, 그 마음을 느끼는 나를 그분이 바라본다면 어떤 표정을 지을까요? 어떤 말로 내 마음을 알아줄까요? 나에게 어떤 행동을 해 줄까요? 눈을 감고 상상해 봅시다."

이 안전지대 안에서 새로운 대상이 주는 양질의 음식을 충분히 누려 보라. 양질의 음식을 받아들인 내 마음은 어떤지, 그 모양과 빛깔과 냄새는 어떤지 자주 경험해 보자. 양질의 음식은 자신이 충분히 먹어 보고 익숙해져야 누군가에게도 권할 수 있고, 직접 요리해서 전할 수도 있다. 그러다 보면 더는 대체 음식으로 자신의 마음을 유지하지 않게 되고 사람들과 양질의 음식을 주고받으며 건강한 의사소통을 하게 될 것이다.

3장

대화하고 돌아서면
후회하지 않도록

감정
표현하기

잘 소통하고 싶다면
코치로서
대화하기

교육을 의미하는 단어에는 티칭과 코칭이 있다. 티칭은 지식이나 기술을 가르친다는 뜻으로, 누군가가 고민하고 있다면 "이게 맞아. 이럴 때는 이렇게 하는 게 좋아"라고 답을 알려 주는 것이다.

반면 코칭은 정답을 직접 알려 주거나 할 일을 지시하기보다는 질문을 하거나 격려하는 말을 전하며 스스로 답을 찾을 수 있도록 돕는다. 스스로 문제를 해결하려는 의욕을 불러일으키고 능력을 이끌어 내는 것이다.

코칭은 상담과 유사한 부분이 많다. 내가 심리 상담사로 일하면서 느낀 점은 잘 소통하기 위해서 이 코칭의 개념을 잘 이해해야 한다는 것이었다.

우리는 다른 사람을 존중하면서 관계를 원만하게 유지하고 잘 소통하기를 바란다. 하지만 그러면서도 상대방에게 자기가 기대하는 정답만을 요구하거나 '이럴 땐 이렇게 해야지' 식의 지시와 강요를 하기도 한다. 상대방이 자신의 기대에 따라 주지 않으면 공감받지 못했다고 느끼거나, 자신의 말을 들어 주지 않는다고 실망하며 서운함을 토로하기도 한다. 이런 고민으로 상담소를 찾아오는 내담자가 많다.

하지만 코칭 대화를 연습하다 보면 인간관계가 어려웠던 사람도 스스로 깨닫곤 한다. '아, 이렇게 대화해야 상대방의 마음이 열리는구나', '답을 알려 주지 않아도 감정이 정리되면 충분하구나', '이렇게 전달해야 오해가 생기지 않는구나'라고 말이다. 지시하고 강요할 때보다 훨씬 말이 잘 통하는 경험을 하고 놀라기도 한다. 그 이유는 무엇일까? 코칭 대화 과정에는 심리 상담처럼 감정적 돌봄이 포함되기 때문이다.

감정을 어루만지는 세 가지 코칭 대화법

코칭 대화란 뭘까? 우리가 잘 알고 있는 코치를 떠올려 보자.

운동선수가 운동 실력을 키우려면 유능하고 실력 있는 코치의 도움이 필요하다. 하지만 노하우와 기술을 알려 주는 것만으로는 한계가 있다. 기술만큼이나 감정을 다스리는 멘탈 관리도 중요하기 때문이다.

아무리 실력 있는 선수라도 감정을 컨트롤하지 못하면 긴장감을 견디지 못하고 무너질 수 있다. 자신의 불안을 통제하지 못해서 실력을 제대로 발휘하지 못하기도 한다. 이때 훌륭한 코치는 선수의 기량을 마음껏 발휘하도록 돕는 동시에 선수의 내면까지 단련해 준다.

훌륭한 코치는 선수가 어떤 마음으로 운동에 임하고 있고 얼마나 노력하는지를 안다. 노력한 만큼 결과가 따라 주지 않을 땐 얼마나 좌절스럽고 조급해지는지 공감해 주며 함께 울고 웃는다. 이렇게 감정적 교류를 할 수 있는 코치가 좋은 코치다. 선수는 감정을 기댈 수 있는 든든한 코치에게 마음의 뿌리를 내리고 감정 때문에 실수하는 일도 줄어든다.

대화의 과정도 이와 마찬가지다. 대화의 기술을 알려 주는 책이 많지만 아직도 우리의 말이 쉽게 변하지 않는 이유가 있다. 대화란 결국 상대방과 어떤 방식으로 감정을 돌보고 나누느냐에 따라 달라지기 때문이다.

감정을 다루고 표현하는 법을 모르거나 상대방의 감정을 이해하지 못하면 아무리 좋은 대화 기술을 알아도 흔들리고 무너진다. 감정을 나누는 말이란 무엇인지, 어떤 말로 감정을 전달할 수 있을지, 상대방의 터질 듯한 감정을 가라앉히려면 어떻게 소통해야 할지를 잘 아는 사람은 누구와 대화하든 훌륭한 대화 코치로 변신해 상대방의 마음을 열고 진심으로 소통할 수 있다.

1. 상대방의 선한 마음을 인정하라

좋은 코치로 대화하려면 필요한 태도들이 있다. 첫 번째는 상대방의 사려 깊은 마음을 찾아내서 인정하는 태도다.

아무리 거친 말을 뱉는 사람도 내면 깊은 곳에는 연민이 숨어 있다. 누구든 이해받고 싶은 마음, 사랑받고 싶은 마음, 그리고 힘든 상황에 처한 사람을 도와주고 싶은 마음이 있다. 내가 위로받고 싶은 것처럼 상대방도 나와 비슷한 존재라는 것을 인정하자.

울고 있는 꼬마에게 도움을 주려는 선한 마음이 상대방에게도 있다는 것을 인정하자. 그 마음이 거친 말들에 가려져 드러나지 않았을 뿐이다. 두꺼운 마음의 벽이 허물어지면 분명히 따뜻하고 부드러운 마음, 사랑을 주고받고 싶은 마음이 고개를 들 것을 믿어 줘야 한다. 그러면 상대방을 향한 부정적인 감정이 줄어들고 부드러운 대화의 물꼬를 틀 수 있다.

만약 인정하기가 어렵다면 상대방과 함께 나눴던 좋은 추억을 떠올려 보자. 그가 해 줬던 좋은 말, 그가 행복할 때 지은 표정, 내가 본 그의 장점을 먼저 떠올려 보라. 상대방에게도 따뜻한 마음이 있다는 신뢰가 쌓이고 갈등 상황에서 소통의 걸림돌을 줄여 줄 것이다. 나의 마음을 가라앉히고 상대방에게 연민을 느끼며 질문해 보자.

'저렇게 말하는 이유가 뭘까? 어떻게 도와주면 좋을까?'
'저 사람이 알아주었으면 하는 마음은 뭘까?'

이 질문들은 상대방이 불편한 말을 뱉더라도 당신이 소모적으로 논쟁하는 일을 줄여 줄 것이다. 또한 상대방의 감정을 잘 이해하게 되므로 제대로 소통하는 능력도 길러진다.

2. 상대방이 쓰는 사랑의 표현 방식을 찾아내라

두 번째는 사랑과 공감, 이해, 배려의 표현 방법이 각자 다름을 인정하는 태도다.

공감을 어려워하는 사람이 있다. 나를 찾아온 한 내담자는 여러 곳에서 교육을 듣고 공감에 관한 공부도 했지만 일상생활에서 지인들과 소통할 때마다 이런 말을 들었다.

"왜 내 마음을 몰라줘?"

그렇다고 그녀가 자신에게 소중한 사람들을 사랑하지 않는 것은 아니었다. 단지 자신이 공감받은 경험이 없었기 때문에 어떤 상황에서 어떻게 말해야 할지 모를 뿐이었다.

그녀는 상대방의 말을 듣고 세련된 표현으로 공감해 주지는 못했지만 행동으로 자신의 진심을 표현했다. 친구가 몸이 아프면 따뜻한 죽을 끓여 문 앞에 두고, 혼자 사는 친구 집에 찾아가 맛있는 반찬을 만들거나 청소를 해 주며 서프라이즈를 한다. 이처럼 그녀의 사랑은 행동으로 보여 주는 사랑이다.

이런 그녀를 감정이 없는 사람, 좋지 않은 사람이라고 할 수 있을까? 사람마다 감정을 표현하는 방식이 다르다. 그녀는 따뜻한 말 한마디 해 주기는 서툴지만 행동으로 보여 주는 사랑은 누구보다 분명했다. 그리고 그녀의 친구들도 점점 그녀의 사랑을 깨달아 갔다.

공감하는 일이 어려운 그녀는 계속해서 표현하는 방식을 배워 나가고 있다. 현재는 자신에게 감정을 나누는 일이 매우 어렵고 삶의 과제가 됐다는 것을 어느 정도는 인정하며 산다. 그리고 이제는 공감이 필요한 대상에게 "어떤 말이 듣고 싶어?", "무슨 말을 들으면 너를 공감해 준다고 느낄 것 같아?"라고 직접 물어볼 수 있게 됐다.

나와 소통하는 사람의 말이 세련되지 못해서 불만이라면 내가 원하는 것을 정확하게 알려 주는 태도가 중요하다. 또한 이 사람만의 사랑의 언어를 고려하는 마음도 가질 필요가 있다. 그러면 상대방이 해 줄 수 없는 것을 과도하게 요구하거나 소통에 문제가 생겨 좌절감을 경험하는 일을 줄일 수 있다.

3. 대화를 주제로 대화하라

세 번째 태도는 '대화'를 대화의 주제로 삼는 것이다.

대화를 어려워하는 사람들은 어떻게 대화해야 좋을지를 이야기하지 않는다. 가족 치료사 드라이커스는 이런 사람들에게 의사소통을 개선하고 촉진하기 위해서 부부가족회의법을 제안한다. 부부가족회의법은 부부나 가족이 회의를 통해 상대방의 관점에서 생각해 보는 대화법이다. 일방적으로 요구하거나 제안하지 않고 서로 원하는 것을 이야기하며 갈등을 해결해 나갈 수 있다.

이 방법의 핵심은 주제를 정하고 이야기하는 것이다. 이때 '대화'라는 주제를 두고 이야기하면 서로 잘 소통하는 방법을 고민하게 된다. 이처럼 서로 노력한다면 더 나은 소통을 할 수 있다.

나에게 부부 상담을 요청한 사람들에게 나는 이런 질문을 하곤 한다.

"아내분이 어떤 말을 들으면 사랑받는다고 느낄까요?"
"두 분이 어떤 대화를 나눠야 서로 잘 소통하고 있다고 느낄까요?"

대부분은 질문에 대답하지 못한다. 그동안 요구하거나 탓하는 대화 방식에는 익숙했지만 어떻게 대화해야 좋을지는 이야기해 본 적이 없다는 증거다. 이런 질문에 답할 수 없다면 상대가 원하는 것도 알 수 없다. 그리고 내 생각을 전달할 때 상처를 주지도 않고 받지도 않도록 말하기 위해 노력하지 않게 된다.

대화하기가 어렵다면 먼저 '대화'를 주제로 이야기를 나눠 보자. 서로가 잘 소통하고 싶은 마음은 있지만 어떤 걸림돌이 우리의 소통을 방해하는지, 그 장애물을 발견하기 위한 회의를 거쳐 보는 것이다.

"너와 나의 대화 방식에서 무엇이 바뀌면 좋을까?"

"우리가 잘 소통하려면 어떤 노력을 더 해 보면 좋을까?"

"오늘 나랑 한 대화는 어땠어?"

화가 날 땐
"조금만
시간을 줘"

천재 해커로 불리는 프로그래머이자 기업인인 이두희 씨는 어린 시절 어머니가 자신을 훈육했던 방법을 방송에 이야기한 적이 있다. 그의 어머니는 이두희 씨를 혼내야 할 때마다 집 앞 카페로 데려가 잘못을 말해 줬다고 한다. 그 이유는 다음과 같은 어머니의 가치관 덕분이다.

"집은 행복이 있어야 하는 공간이며 꾸지람을 받아서 어두움을 느껴야 하는 공간이 아니다."

또 다른 이유는 아이를 데리고 카페에 가는 과정에서 어머니 자신의 감정이 사그라들고 이성적으로 판단할 수 있다는 점, 그리고 사람이 많은 곳에서는 큰 목소리를 내지 않고 또박또박 이야기하며 감정을 조절할 수 있다는 점 때문이었다.

화를 조절하지 않으면 파국의 대화가 반복된다

화를 조절하는 일은 어렵다. 사랑하는 사람을 대할 때라도 사람이기에 욱하는 마음이 선을 넘고 말과 생각으로 나타나는 순간을 맞이하기도 한다. 심지어 친밀하고 믿을 만하다고 느끼는 사이일수록 화를 더 조절하지 않는 경우도 있다. 내가 배려하지 않아도 상대방은 나의 끓어오르는 감정을 모두 받아 줄 것이고 사이가 쉽게 끊어지지 않을 것이라는 믿음 때문이다.

하지만 소중한 관계일수록 화를 조절하기 위해 분투해야 한다. 화를 조절하는 연습이 쌓여야 감정을 더 유연하게 조절할 수 있고 소중한 사람에게 상처를 주는 실수를 막을 수 있다.

화가 끓어오르고 서로의 감정이 상한 채로 대화를 이어 나가면 어떻게 될까? 감정은 더 쉽게 폭발할 것이다. 화를 내며 강압적으로 자신의 감정을 전한다면 아무리 상대방이 큰 잘못을 했더라도 자신을 보호하고 싶은 본능 탓에 상처 주는 대화를 반복할 것이다.

A: 너 이번에도 연락 안 했지? 또 그럴 줄 알았어.

B: 미안해.

A: 너는 항상 미안하다는 말뿐이지? 내가 만만해? 너 같은 사람을 믿은 내가 바보다.

B: 너는 왜 말을 또 그렇게 하냐? 내 사정을 나도 설명했잖아.

A: 네가 거짓말하고 다른 짓 하는 거면? 너 같은 사람이 하는 말을 내가 어떻게 믿어?

이처럼 내가 안정되지 않은 상황에서 대화를 이어 나가면 상대방은 방어하고 싶은 욕구가 생기기 쉽다. 결국 서로를 공격하게 되므로 의견을 조율하거나 맞춰 가기도 어렵다. 그러므로 화가 났을 땐 대화에서 한 발 물러나 자신의 화부터 조절하는 일이 급선무다. 그렇다면 화를 조절하는 방법은 뭘까?

화를 조절하는 방법 1. 장소 옮기기

감정을 식힐 수 있는 환경을 구성하는 것이 도움이 된다. 앞서 이두희 씨 어머니의 교육법에 핵심이 드러나 있다. 감정에 깊이 빠져서 진정되기 어려운 상황이라면 내가 감정을 조절할 수밖에 없는 장소에서 대화를 시도해 본다.

사람들은 연예인을 두고 "카메라 있을 때와 없을 때가 달라져요"라는 말을 하곤 한다. 인간은 누군가의 시선을 의식하면 내 모습을 조금 더 신경 쓰고 더 잘 조절할 수 있게 된다.

타인의 시선이 행동과 감정 조절에 효과가 있다는 연구 결과가 있다. 《왜 생각처럼 대화가 되지 않을까?》에서는 뉴캐슬 경찰서에서 진행한 범죄 예방 캠페인을 소개했다. 뉴캐슬 경찰서는 "우리의 눈이 범죄자를 지켜보고 있습니다"라는 문구와 노려보는 눈이 그려진 포스터를 내걸었다. 그러자 1년 동안의 범죄율이 17퍼센트나 떨어졌다고 한다. 실제로 우리 주변에는 쓰레기를 무단 투기할 만한 곳에 이와 같은 포스터나 카메라, 다른 사람의 눈 사진이 걸린 것들을 보곤 한다.

이러한 시선 효과를 활용해 보자. 감정이 과격해질 수밖에 없는 대화를 해야 할 때는 카페에서, 또는 길을 걸으면서 대화하는 것도 감정 조절에 도움이 된다. 집이나 차 안처럼 둘만 있는 장소에서는 감정이 폭발하기 쉽다.

화를 조절하는 방법 2. 상상으로 화내 보기

또 다른 방법은 상상을 활용하는 것이다. 화가 도무지 가라앉지 않는다면, 상대방에게 원망과 화를 쏟아 내고 싶다면 먼저 상상으로 싸워 보자. 상대방에게 하고 싶은 말, 내 마음속에서 떠오르는 말을 거르지 않고 다 말해 보는 것이다. 그리고 상상 속에서 그 말을 듣고 있는 상대방을 떠올려 본다.

'이 말을 들으면 상대방이 어떻게 반응할까?'
'이 말을 하면 우리 관계는 어떻게 될까?'
'내가 이 말을 한 뒤에 서로의 마음은 어떨까?'

어떤 결과가 나올지 예상하면서 행동을 수정할 수 있는 좋은 방법이다.

화를 조절하는 방법 3. 화났다고 말한 뒤 시간을 요청하기

환경을 구성하는 노력과 더불어 직접적인 단어로 자신의 감정을 표현하며 조절하는 방법이 있다. 다시 말해 '화가 났다'는 것을 있는 그대로 표현하는 것이다. 비꼬는 말투, 큰 목소리 등으로 우회적으로 표현하는 것이 아니라 직접적으로 당신의 감정 상황을 알린다.

A: 네가 잘못한 일 때문에 지금 좀 화가 나.

B: 내가 잘못했으니까 다 들어 줄게. 화가 나면 욕해도 괜찮아.
　다 이야기해 줘.

상대방이 계속 감정을 말하라고 요청할 때도 주의해야 한다.
내가 감정적으로 조절이 될 때까지 기다려야 한다. 그러므로 상
대방에게 감정이 가라앉을 시간을 요청해 보자.

A1: 마음은 알겠어. 그런데 지금은 혼자서 생각을 정리하는 게
　　더 나을 것 같아.
A2: 지금 이야기하면 내가 감정적으로 반응하게 되고 너에게 상
　　처를 줄까 봐 조심스러워. 나한테 감정을 정리할 수 있는 시
　　간을 줘.
A3: 생각해 볼 시간이 필요하겠다. 커피 한잔 마시고 다시 이야
　　기하자.

이렇게 시간이 필요하다는 것을 이야기해야 불필요한 오해를
사지 않을 수 있다.

비난받을 때
"네 말은
이렇다는 거지?"

감정적으로 흥분한 사람이 비난하는 말을 쏟아 내면 어떻게 반응해야 할까? 이럴 땐 상대방의 행동이 나에게 상처가 된다는 사실을 명확하게 알려 줘야 한다.

사람은 어느 정도의 한계와 경계가 있는 환경에서 안정감을 느낀다. 어린 시절엔 아이의 감정을 무조건적으로 받아 주는 일이 필요하다. 하지만 성장하면서 부모의 거절과 억제를 경험해야만 행동 규범을 받아들이고 자신의 말과 감정을 통제하는 자기 조절 능력을 배울 수 있다. 아이를 훈육하기가 두려워서 모든 걸 받아 준다면 그 아이는 충동성을 조절하는 법을 배우지 못할 것이다.

관계도 마찬가지다. 상대방이 자신의 감정에 취해 공격적인 태도로 나에게 상처를 준다면 우리는 그 표현이 관계에 미치는 영향을 알려 줘야 한다. 그것이 상대방이 상처 주는 말과 행동을 하지 않도록 돕는 일이다.

격분 상태에 있는 사람은 스스로도 막다른 골목에 마주한 상황이다. 감정이 날뛰는 탓에 생각은 마비되고 과잉 반응을 하게 된다. 화가 난 사람은 있는 그대로를 보지 못한다. 아주 작은 티끌도 코끼리처럼 거대해 보인다. 그래서 화가 난 사람들에게 '이성적으로 생각해 봐', '오해야'라는 말로 반박하거나 설득하려고 시도하는 일은 너무나 많은 감정적 소모를 불러온다.

상처받았다고
분명하게 말하라

무조건적으로 수용해 주지 못하고 지적하면 관계가 소원해질까? 그렇지 않다. 오히려 관계에서 넘지 말아야 할 선을 알려 주지 않으면 상대방은 충동을 조절하지 못하고 감정을 여과 없이 표현할 것이다.

관계에서 어느 정도의 수용은 필요하다. 그렇지만 상대방이 감정을 조절하지 못하고 나에게 상처 주는 일을 반복한다면 어떨까? 그 말과 행동이 나에게 어떤 의미로 다가오고 얼마나 상처가 되는지 분명히 이야기해 주는 것이 오히려 관계를 단단하게 만든다. 친밀한 사이일수록 더욱 그렇다. 만약 이야기해 주지 않는다면 상처받는 건 나뿐만이 아니다. 충동적으로 모든 감정을 터트린 사람은 돌아서서 사랑하는 사람에게 상처를 줬다는 생각에 괴로움과 수치심을 느낄 것이다. 이것은 결국 서로에게 거리감을 만들고 관계를 불평등하게 만드는 요소가 된다.

상대방의 언행에 상처받았다면 이렇게 말해 보자.

"당신이 화가 많이 난 것 같아. 하지만 화가 났다고 해서 나에게 폭언을 하면 나는 너무 마음이 아파."

"나는 당신과 더 가까워지고 싶은데 당신의 말이 상처가 되니 더 이상 대화할 수 없겠어."

"지금 당신이 화가 나서 마음에도 없는 말을 하는 것 같아. 지금은 서로 대화하기가 어려우니 시간 지나면 다시 이야기하자."

"너도 나한테 상처 주고 싶지 않을 거라 생각해. 그러면 지금 화를 가라앉히고 대화할 필요가 있어."

상대방의 말과 행동이 당신에게 어떤 영향을 미치는지에 대해 분명히 알려 주는 것은 상대방이 충동성을 억제할 수 있는 기회를 주는 것이며 동시에 그 폭격기 같은 말에 상처를 받지 않도록 당신의 마음을 보호해 주는 것이기도 하다. 그럼에도 불구하고 상대방이 반복해서 비난하는 말을 한다면 그 결과에 대해서도 알려 주자.

"네가 계속 나를 비난하는 말을 하면 우리 관계가 어떻게 될까? 나는 네가 나에게 상처를 주고 우리 관계가 더 멀어질까 봐 속상해. 네가 정말 원하는 게 화해라면 그렇게 말하지 않는 게 좋을 것 같아."

먼저 상대방의 마음을 공감한다. 그리고 비난의 말을 계속 했을 때 미치는 영향력을 이야기해 주자. 그리고 더 효과적으로 관계를 개선하기 위해 앞으로 어떻게 하면 좋을지 방법을 함께 전달할 수도 있다.

가깝지 않은 사람이 모멸감을 주는 말, 무시하는 말을 할 땐 어떻게 대처할까? 이럴 땐 상대방의 말을 있는 그대로 인정하지만 자신은 그 말에 동의하지 않고 다른 생각과 관점을 갖고 있다는 것을 간단히 말하자. 비난의 말은 상대방의 비난적인 사고방식 때문에 생긴 것임을 알려 주면서 모든 사람이 그렇게 생각하지 않는다는 의견을 표현하는 것이다. 또는 그 사람의 생각을 가볍게 무시하는 태도로 넘길 수도 있다.

"네가 이 상황을 어떻게 느끼고 있는지 잘 알겠어."
"너는 이 상황을 그런 방식으로 보고 있구나?"
"그게 네가 나를 보는 시선이구나. 나는 그렇게 생각하지 않는데, 유감이네."

그 사람이 세상과 사람을 바라보는 관점이 나와 다르다는 걸 알려 주고 더 이상 이야기하지 않는 것이 비난하는 사람을 대하는 최선의 방법이다.

사과할 땐
"내가 잘못한
거야"

살다 보면 상대방에게 상처를 주는 실수를 저지른다. 이럴 때 어떻게 사과해야 상대방의 마음을 어루만지고 관계를 지킬 수 있을까?

가장 중요한 것은 그 일을 분명하게 이야기하는 태도다. 시간이 너무 많이 흘러서 상대방이 지난 일을 언급하지 않더라도 '그때 내가 너무했다', '실수였지'라고 생각된다면 상대방에게 터놓고 이야기해야 한다. 겉으로는 아무렇지 않아 보여도 그 실수를 덮어 두고 관계를 이어 나간다면 훗날 작은 갈등으로도 무너질 만큼 위태로운 사이가 될 수도 있다.

한 내담자는 남자 친구의 태도 때문에 고민이었다. 관계에서 갈등이 생겨도 다음 날이 되면 아무렇지 않게 행동해서 숨이 막힌다고 말했다. 분명 어제의 다툼으로 감정이 상했을 텐데 아무일도 없었던 것처럼 "자기, 일어났어?"라고 연락하는 남자 친구를 보면 속이 부글부글 끓는다.

내담자는 남자 친구가 아무렇지 않아 보여서 자신만 감정적이고 나약한 존재라고 느꼈다. 하지만 이 부분은 남자 친구가 용기가 부족한 탓에 생긴 고민이었다. 사과하고 짚고 넘어갔어야 할 일을 그냥 넘겼기 때문에 생긴 부작용을 내담자 혼자 경험하게 된 것이다.

사과의 정석, 변명 없이 빠르게 인정하기

사과란 자신의 마음과 감정 때문에 상대방이 상처를 받았을 때 용서를 구한다는 뜻이다. 사과하지 않는 이유는 상대방이 받은 상처를 자신의 책임으로 인정하지 못하기 때문이다.

갈등이 생겼을 때 힘들었던 감정과 상황에 직면하지 않고 회피하면 문제가 생긴다. 또 사과를 할 때 "그건 미안하게 생각해. 그런데 말이야"라고 말하는 방식은 사과가 아닌 변명이다. 자신을 변호하기 위해 사과의 표현으로 위장한 것임을 기억해야 한다. 진정한 사과는 자신이 잘못한 부분에 대한 개선의 여지를 약속한다. 또한 사과의 초점을 상황이 아니라 내가 했던 말이나 행동에 맞춰야 한다. 사과는 빠를수록 효과적이며 늦지 않는 것이 중요하다.

분명 서로가 다퉜고 기분이 상하는 일이 있었지만 그 일을 대화하지 않고 넘어가면 어떨까? 감정적인 균열을 그대로 방치한 것과 같다. 균열이 생긴 곳은 약한 자극만 닿아도 와르르 무너질 수 있다. 사과할 땐 정확하게 자신의 잘못을 이야기해 보자.

"나도 이 부분에 대해 생각해 봤는데, 내가 그렇게 말한 건 잘못한 거였어. 미안해."

자신의 입장을 변호하지 않고 "그렇게 행동한 건 내가 잘못한 거야"라고 자신의 잘못을 책임지려는 자세가 중요하다. 자신의 잘못을 책임질 때 상대방도 꺼내기 어려운 마음을 털어놓을 테고 연결의 대화를 할 수 있다. 그러면 균열이 생긴 관계를 붙이는 보수 공사를 시작할 수 있다.

가스라이팅이
느껴질 땐
"그 말 무슨 뜻이에요?"

최근 가스라이팅이라는 용어가 많은 매체를 통해 보도됐다. 그 덕분에 실제로 가스라이팅을 당한 내담자들은 자신의 잘못이 아니라는 걸 깨닫고 상담실을 방문하고 있다.

가스라이팅이란 현실을 바르게 판단하는 능력을 잃게 만들고 불확실한 자기감을 갖게 만드는 정서적 학대를 말한다. 일상에서 가스라이팅을 알아차리고 반박하는 일은 생각보다 쉽지 않다. 왜냐하면 가스라이팅은 주로 친밀한 관계나 수직적인 관계에서 일어나기 때문이다.

상대방의 말과 행동에 '기분이 나쁘다', '부당하다'고 말하면 가스라이터들은 이렇게 말한다.

"다 널 위해서 하는 말인데 왜 이렇게 예민하게 굴어?"

"우리가 이 정도 이야기도 못 하는 사이야?"

마치 내가 예민하고 끈끈한 관계를 망치는 사람처럼 몰아세우는 탓에 불편한 말과 행동을 더욱 지적하기가 어렵다. 그러나 정서적인 학대는 당하면 당할수록 스스로를 자책하게 되고 심리적 외상으로 인한 우울감이나 불안감을 몇 달간, 길게는 수년간 겪기도 한다. 이런 이유로 관계 안에서 어떤 뉘앙스의 말, 행동이 가스라이팅에 해당하는지 그 시그널을 잘 파악하고 있어야 한다.

당신 옆의
가스라이터를 찾아라

불행하게도 가스라이팅은 가장 친밀한 친구 사이, 가족 관계에서 자주 발생한다. 가족에게 가스라이팅을 경험한 사람은 심한 죄책감, 우울감, 자기혐오로 고통스러워한다. 왜냐하면 친밀한 관계일수록 정서적 학대가 굉장히 교묘하게 행해져서 상대방이 아니라 자기 자신을 탓하기가 쉽기 때문이다.

"내가 힘들 때 너는 나를 버렸어."

"너, 그런 행동 정말 실망이야."

"네가 나한테 해 준 게 뭐가 있어?"

"너는 성격이 왜 그렇게 예민해?"

"내가 언제까지 너를 맞춰 줘야 해?"

"너는 항상 그게 문제야."

"너 그 성격 안 고치면 어디 가서 친구도 못 사귀어."

"고작 이런 일로 우는 거야?"

이것은 친밀한 관계에서 쉽게 나타나는 가스라이팅 표현들로 듣는 사람에게 죄책감과 과도한 책임감을 불러일으킨다. 가스라이팅을 들으면 나도 모르게 그 말대로 행동해야 한다고 생각하게 된다. 과한 요구를 하는 가스라이터가 갈등의 원인이지만 가스라이팅을 당한 사람은 상대방에게 보상해야 할 것만 같은 죄스러움을 느끼며 잘못된 책임감에 빠진다.

특히 부모가 자녀에게 하는 말인 경우가 많은데, 이것을 정서적 학대라고 분명하게 인식하기가 어렵다. 왜냐하면 부모가 나를 사랑하고 생각해서 하는 말이라는 믿음을 갖게끔 말하기 때문이다.

하지만 가스라이팅을 참고 들을수록 자존감과 자기감은 무너져 간다. 정말 나를 위하는 사람이라면 내가 어떤 말을 해도 내 편일 것이며, 날개를 달고 날아갈 수 있도록 응원과 격려의 말을 해 준다는 것을 기억하자.

연인과 가족뿐만 아니라 회사 생활에서도 우리는 가스라이팅을 경험한다.

"이 대리, 내가 이런 것까지 설명해야 해요? 이것도 할 줄 모르면서 뭘 하겠다는 거예요?"

"참, 민지 씨는 이런 일까지는 못 하지?"

이런 표현들도 가스라이팅에 해당한다. 건설적인 비판은 직무 능력을 향상시키지만 잘못을 힐책하고 비난하는 태도는 자신의 상한 감정을 떠넘기는 행위일 뿐이다.

좋은 비판은 생각의 틀을 넓힌다. 나의 어떤 행동이 바람직하고 바람직하지 않은지 분별력을 갖게 해 준다. 또한 건설적인 비판에는 존중이 있다. 비판을 받더라도 내가 납득할 수 있는 말로 전달된다.

하지만 가스라이팅은 마음에 거부감을 일으킨다. 한 발 물러나고 싶고 초라해지는 감정을 경험하게 한다. 당신이 회사에서 어떤 말을 들었을 때 무능함을 느끼거나, 에둘러 무시하는 것 같거나, 인격이 깎이는 듯한 느낌을 받는다면 그것이 가스라이 팅의 시그널임을 눈치채야 한다.

유능한 리더, 좋은 상사는 당신이 어려울 때 더 친절하게 알려 주며 간결하고 쉽게 전달한다. 모독이나 무시를 느끼게 하는 것은 정서적인 학대를 가하고 있는 것임을 기억하자.

가장 먼저 할 일은
내 감정부터 살피는 것

가스라이팅을 알아차리려면 그 말을 들었을 때 드는 내 감정을 살펴야 한다. 가스라이팅을 자주 당하는 사람은 자신의 감정을 알아차리기를 어려워한다. 나를 챙기고 보호하는 능력이 무너진 상태이기 때문에 한 번의 가스라이팅에도 자신을 보호하지 못하고 계속 상처받는 경우가 많다.

만약 머릿속에서 지워지지 않을 정도로 상처가 되는 말을 들었다면 마음이 어떨까? 상대방의 말을 듣고 불쾌했는가? 인격을 모독당하는 느낌이 들었는가? 나의 마음에 집중하며 스스로 판단해 보자. 이것이 정서적 학대의 시그널을 알아차리는 첫 번째 단계다. 당신의 감정은 옳다. 당신이 불쾌하게 느꼈다면 분명히 그렇게 느낄 만한 이유가 있다.

가스라이팅을 당하지 않으려면 나에게 반박할 권리가 있다는 사실을 자주 상기해야 한다. 불쾌한 말을 들었을 때 '이런 것까지 말해도 될까?', '이게 기분 나쁘다고 말하면 내가 예민한 사람이 되는 게 아닐까?', '이렇게 말했다가 더 뭐라고 하면 어쩌지?'라는 두려움이 떠오르는가? 그렇다면 이미 가스라이터가 당신을 가혹하게 대한 것처럼 당신도 자기 자신을 가혹하게 대하고 있는 것이다.

당신은 언제나 유일무이한 당신의 편이어야 한다. 누군가가 당신의 감정을 무시하는 말을 했다면 스스로 표현할 권리가 있음을 인정해 주자. 그러면 상대방에게 반박할 수 있는 용기가 생긴다.

가스라이팅을 오랜 시간 당한 사람은 되묻거나, 명명하거나, 선을 긋는 행위를 관계를 깨는 이기적인 행동으로 생각하기도 한다. 하지만 나의 권리를 찾고 나를 보호하는 일은 반드시 필요하다. 이것은 상대방을 무시하고 관계를 파괴하는 행동이 아니다. 나를 지킬 수 있어야 상대방의 삶도 존중할 수 있다. 나를 돌볼 수 있어야 상대방의 고통도 어루만져 줄 수 있는 것이다.

가스라이팅에 대처하는
두 가지 방법

가스라이팅에 대처하는 첫 번째 방법은 되묻기다.

가스라이터: 너 그 성격 안 고치면 어디 가서 친구도 못 사귀어.

되묻기: 성격 안 고치면 친구도 못 사귄다는 말, 무슨 뜻으로 한
　　　　　말이에요?

가스라이터: 이것도 못 하면서 뭘 하겠다는 거예요?

되묻기: 이것도 못 하면서 뭘 하겠다는 말, 무슨 뜻이에요?

가스라이터: 말 그대로지. 이 말도 이해를 못 해요?

되묻기: 네, 이해가 안 되네요. 이것도 못 하면서 뭘 하겠느냐는
　　　　　말이 무슨 뜻인지 제가 이해할 수 있게 다시 설명해 주
　　　　　세요.

　상대방의 말이 기분이 나쁜지 안 나쁜지도 잘 모르겠고, 상대
방의 의도도 잘 모르겠을 때 되묻기는 효과적이다. 상대방은 자
신의 말을 그대로 복기함으로써 자신의 잘못된 태도를 알아차
릴 것이다. 그러면 나에게 사과를 하거나 다른 표현으로 정정할
것이다. 또는 더욱 감정적으로 변하는 상대방을 바라보면서 그

말이 나를 공격하기 위한 가스라이팅이었다는 것을 확실히 알 수 있다.

두 번째 방법은 명명하기다.

문제가 되는 말을 정확하게 '비난', '죄책감을 느끼게 하는 말', '수치심을 자극하는 말'이라고 명명해 주는 것이다.

가스라이터: 네가 나한테 해 준 게 뭐가 있어?
명명하기: 지금 그 말, 나에게 죄책감을 느끼게 하는 말이야.

가스라이터: 너는 항상 그게 문제야.
명명하기: 지금 나를 비난하는 말을 하고 있네.

상대방의 말이 상처가 되는 표현임을 이야기해야 한다. 그런데 간혹 명명하기를 한 후에도 상대방이 가스라이팅을 멈추지 않을 수 있다. 그럴 땐 나를 비난하는 상대방과 더는 대화하고 싶지 않다는 의사를 전하며 보호막을 쳐야 한다.

가스라이터: 네가 나한테 해 준 게 뭐가 있어?
명명하기: 지금 그 말, 나에게 죄책감을 느끼게 하는 말이야.

가스라이터: 그래. 죄책감 좀 느끼라고 하는 말이야. 넌 죄책감
　　　　　　 느끼면서 왜 안 달라져?

명명하기: 지금도 나한테 죄책감을 주고 비난하는 말을 하네. 난
　　　　　 이런 표현을 들으며 너와 대화하고 싶지 않아.

　나에게 상처를 주는 말과 행동이 무엇인지를 분명히 전하자.
만약 상대방이 대화를 이어 나가고 싶어 한다면 비난이나 학대
의 표현을 수정하는 것 또한 상대방의 몫임을 분명히 알려 주
자. 그러면 서로를 비난하거나 한쪽이 희생자가 되는 일을 막을
수 있으며 관계에서 상처받는 일도 줄어들 것이다.

　건강한 관계는 말로 상처 주거나 불쾌한 감정을 느끼게 하지
않는다. 서로를 신뢰하고 존중하며 나의 부족한 모습도 이해해
준다. 또한 자신이 바라는 것을 일방적으로 요구하거나 강압적
으로 요청하지 않고 의견을 조율하고 타협한다.

　그러므로 나에게 말로 상처를 주고, 자기혐오에 빠지게 만들
거나 돌아서서 마음에 남는 아픈 말을 자주 하는 사람이라면 거
리를 두자. 그리고 앞서 이야기한 방법들로 움츠러든 자신을 지
키는 일에 에너지를 쓰길 바란다.

공감해 줄 땐
"그랬겠네.
이런 마음이겠다"

누군가를 위로할 때 "힘내"라는 말보다 진심을 더욱 잘 전해 주는 것이 있다. 따뜻한 눈빛과 목소리, 스킨십 같은 비언어적인 메시지다. 상대방이 슬픔에 빠져서 말이 느려지고 쉼이 많다면, 위로의 말보다 상대방의 속도에 맞춰 감정을 따라가는 것이 더 좋을 때가 있다. 이것은 내가 당신의 감정을 함께 느끼고 있다는 것을 알려 주는 경청의 태도다.

이처럼 상대방에게 맞추는 대화를 페이싱이라고 부른다. 예를 들어 흥분한 사람은 말이 빨라진다. 그런데 듣는 사람이 차분하게 느릿느릿 대답한다면 말하는 사람은 상대방이 자신의 말을 듣고 있는지 헷갈리고 감정이 단절되는 느낌을 받기 쉽다.

이때 페이싱 기술을 사용하면 공감을 불러일으킬 수 있다. 상대방이 흥분했을 땐 나도 목소리 톤을 높여서 이야기하고, 상대방이 슬퍼할 땐 나도 목소리 톤을 낮춰서 대화를 이어 나간다. 좋은 말로 위로해 주거나 멋진 말로 힘을 실어 주지 않더라도 이런 비언어적인 메시지를 활용하면 감정을 공유하고 있다는 느낌과 위로가 전해질 것이다.

때로는 해결책보다 무조건적인 공감이 필요하다

A: 내가 면접을 잘 못 볼까 봐 걱정이야. 떨어지면 어떡하지?

B: 아니야. 떨어지긴 왜 떨어져.

A: 몰라. 그런 생각이 든단 말이야.

B: 잘 준비하면 되지 않을까? 너무 거기에 몰두하지 마. 더 스트레스 받아.

A: 자꾸 그 생각이 떠올라서 면접 준비를 못 하겠어.

B: 곧 괜찮아질 거야. 걱정 마. 잘할 수 있어. 힘내.

상대방이 고민을 호소할 때 해결책을 알려 주는 것이 도움이 되지 않을 때가 있다. 오히려 '열심히 해 봐', '더 잘 준비해 봐' 같은 말은 지금 상태에 만족하면 안 될 것 같은 조급하고 답답한 마음을 불러일으켜 불안감을 키운다.

상대방의 말을 듣는다는 것, 마음을 알아준다는 건 문제를 해결해 주는 것이 아니다. 상대방이 느끼고 있는 감정이 아무리 터무니없어 보이더라도 그 자체를 받아들이고 인정해 주는 것을 의미한다.

감정의 페이스를 맞추는 대화를 살펴보자.

A: 내가 면접을 잘 못 볼까 봐 걱정이야. 떨어지면 어떡하지?

B: 준비를 잘해도 떨어질까 봐 불안하구나?

A: 맞아. 계속 이런 생각이 들어서 집중이 안 돼.

B: 나라도 그럴 것 같아. 면접 준비하는 일이 쉬운 일이 아니고, 또 잘하고 싶은 마음도 있으니 불안하고 걱정될 것 같아. 안 좋은 상상도 들고.

A: 맞아. 계속 안 좋은 생각이 드는 거 있지.

B: 그치? 내가 도와줄 게 있을까?

A: 괜찮아. 내 얘기를 들어준 것만 해도 괜찮아지는 것 같아. 준비하고 있으니까 어떻게든 잘 되겠지.

B: 그래. 나한테 이런 고민 이야기해 줘서 고마워. 결과가 어떻게

나오든 나는 항상 네 편이야.

이렇게 상대방이 경험하는 감정을 언급하고 반응해 주는 것만으로도 부정적인 감정의 강도가 내려간다. 또한 이해받는 것 같은 마음이 들어 서로 깊은 친밀감을 형성할 수 있을 것이다.

서운한 마음이 들 땐
"그렇게 말해서
속상했어"

관계가 친밀해질수록 서로가 원하는 것을 표현하며 조율하는 과정이 필요하다. 그러려면 상대방에게 어느 정도의 서운함은 표현할 수 있어야 한다. 속상함이나 서운함을 표현할 때 명심해야 할 점이 있다. 바로 내가 느끼는 것과 바라는 것을 말하지 않아도 상대방이 알 것이라고 기대하지 않는 태도다. 대부분의 관계에서 서운함이 반복되는 이유는 요구와 기대를 분명하게 말하지 않기 때문이다.

A: 오늘 기분이 안 좋아 보이네. 무슨 일 있어?
B: 모르겠어. 그냥 너무 힘들어.

A: 어떤 것들이 너를 힘들게 해?

B: 다 짜증 나. 이걸 꼭 말로 해야 해?

자신의 기분을 돌려서 말하거나, 말하지 않아도 상대방이 알아주길 바라며 모호하게 표현한다면 누구도 내 마음을 이해할 수 없다. 말을 하지 않으면 왜 그런 감정을 느꼈는지, 상대방에게 무엇을 바라는지도 알릴 수 없다. 그야말로 소통이 단절되는 것이다.

또한 '네가 알아서 잘했어야지', '내가 꼭 말로 해야 해? 네가 눈치껏 알아차려 봐'처럼 상대방의 노력만 강요하는 것도 바람직하지 않다.

있는 그대로의 상황을 설명하고 그다음 감정을 덧붙인다

상대방에게 바라는 점이 있다면 나의 욕구와 감정을 정확히 표현해야 한다. 자신의 욕구와 바람을 숨기고 상대방에게 맞춰주는 관계는 일시적으로 상대방에게 좋은 느낌을 줄 수도 있지만 서로가 깊게 연결되려면 솔직해야 한다. 사람들은 진솔함에서 신뢰를 느끼기 때문이다. 그러므로 상대방에게 부탁하고 싶은 일이나 고쳐 줬으면 하는 부분이 있다면 망설여지더라도 분명하게 전달할 수 있어야 한다.

속상한 감정을 명확하게 전달하기 위해서는 "너는"으로 시작하지 말고 상황부터 이야기해 보자. 상황을 이야기할 때는 판단하지 않고 거울로 비추듯이 표현하는 것이 중요하다.

매일 차에 태워 달라고 부탁하는 친구, 연락이 잘 되지 않는 연인, 공감해 주지 않아서 서운한 상대방이 있다고 가정해 보자. 이때 "너는 양심이 없어?"라고 비난하거나 "너는 매번 그런 식이더라"라며 상대방의 행위를 추상적으로 표현하는 것은 소통에 도움이 되지 않는다. 곤란하거나 속상한 일이 있다면 그 상황을 판단하지 말고 진술하듯이 설명해 보자.

"네가 3일 동안이나 나에게 데려다 달라고 말했어."
"네가 회식이 끝나면 전화를 주기로 약속했는데, 전화하지 않고 잠들어 버렸어."
"내가 힘들다고 이야기하는 상황에서 너는 '별일 아니야'라고 말했어."

이처럼 처음에는 판단적인 진술 없이 있는 그대로의 상황을 전하는 것이 좋다. 그다음에 내가 느꼈던 감정을 덧붙인다.

"너를 데려다주면 시간이 늦어져서 내가 피곤하고 부담이 될 때가 있어. 그런데 네가 좋기도 해서 거절하기도 쉽지 않아."

"회식이 있는 날마다 너에게 전화가 오지 않아서 걱정되고 불안했어."

"내가 힘들 때 네가 '별일 아니네'라고 이야기했지. 나는 이해받지 못한다고 느껴서 서운하고 슬펐어."

그리고 상대방에게 원하는 것을 분명한 '말'로 전달한다.

"버스 정류장까지는 데려다줄 수 있지만 집까지는 어렵겠어."

"회식 이후에 전화가 어려우면 문자를 남겨 주면 좋겠어."

"내가 힘들다고 하면 '힘들었겠다'는 말을 듣고 싶어."

이것은 내가 듣고 싶은 말이나 상대방이 해 주길 바라는 점을 정확한 문장으로 표현하는 주장적 기술이다. 이때 주장적 말하기를 사용하지 않고 빙빙 돌려서 말하거나 비난하는 말투를 사용하면 어떨까? 대화의 맥을 끊고 오해를 만드는 표현은 다음과 같다.

"집까지 혼자 가는 것 어떻게 생각해?"

"회식을 가는데 네가 어떻게 행동해야겠어?"

"넌 뭐 느끼는 거 없어?"

"내가 이렇게 해 달라고 한 거 기억 안 나?"

자신이 원하는 것을 명확하게 말하지 않고 상대방이 스스로 알아차리길 바라는 태도다. 주장적인 표현이 익숙하지 않다면 자신의 욕구를 명확하게 이야기하기가 어려울 것이다. 그러면서 상대방에게 높은 기대감을 갖다 보니 많은 경우 좌절감을 겪기도 했을 것이다. 하지만 에둘러 표현하는 것보다 간결하고 명확하게 전달하는 것이 관계에서 고쳐져야 할 점을 효과적으로 전달한다는 점을 잊지 말자.

마지막으로 상대방에게 자신의 마음을 충분히 전달했다면 이번에는 그 결과적인 측면을 함께 전달해 보자.

"이 약속을 지켜 주면 나는 네가 날 존중하고 위해 준다고 느낄 것 같아."

"그렇게 말해 준다면 네 마음을 내가 충분히 느낄 수 있을 것 같아."

또 반복되는 갈등을 이야기하는 경우라면 이 주장이 받아들여지지 않을 때 경험하게 될 부정적인 결과를 전할 수도 있다.

"그렇지 않으면 내가 널 만나는 일이 부담이 될 것 같아."
"이 약속을 지켜 주지 않으면 내가 널 의심하게 돼서 우리 관계에 어려움이 생길 것 같아."

대화가 단절될 땐
"어떻게 말해 주면
좋겠어?"

어떤 사람과 대화하면 속마음을 편안하게 털어놓을 수 있어서 대화가 깊어진다. 반면 어떤 사람과는 길게 대화해도 편안하지가 않고 겉핥기식 대화만 이어지기도 한다. 이런 대화의 차이는 왜 생길까? 한 가지 사례를 통해 살펴보자. 어느 날 민지 씨는 호영 씨에게 이렇게 말했다.

"나 어제 전 남자 친구한테 전화했다가 싸웠잖아. 너무 속상하고 짜증 나."

호영 씨는 민지 씨가 전 남자 친구에게 모진 말을 듣고 마음

고생할까 봐 걱정이 됐다. 그렇지만 호영 씨의 입에서는 이런 말이 튀어나왔다.

"그러게 내가 어제 뭐랬어? 절대 전화하지 말랬잖아!"

민지 씨는 호영 씨의 말을 듣고는 "됐어. 나중에 전화할게"라며 전화를 끊어 버렸다. 이것이 전형적으로 단절을 불러일으키는 대화의 모습이다. 대화가 단절되는 이유는 상대방의 감정을 헤아리지 못하고 자신의 생각만 표현하기 때문이다. 상대방은 그 말을 하면서 자신의 의도와 숨은 감정을 고려해 주길 바랐을 것이다.

하지만 호영 씨는 '내가 어제 전화하지 말라고 했는데'라는 생각을 억누르지 못하고 급히 표현하고 말았다. 이럴 땐 민지 씨의 의중을 파악해서 질문을 하는 것이 대화를 이어 가는 데 도움이 된다.

"나 어제 전 남자 친구한테 전화했다가 싸웠잖아. 너무 속상하고 짜증 나."
"진짜 속상했겠다. 내가 무슨 말을 해야 속상한 마음이 좀 풀릴까?"

상대방의 말을 듣고 나의 생각과 감정이 충돌할 땐 대화의 주도권을 상대방에게 주자. 상대방이 자신의 말을 계속 이어 나갈 수 있도록 도와주는 것이다. 그러면서 나에게 일어나는 생각과 감정의 충돌이 잠잠해질 때까지 기다린다. 또는 상대방이 하는 말을 듣고 자신의 감정을 덧붙여 돌려줄 수도 있다.

"나 어제 전 남자 친구한테 전화했다가 싸웠잖아. 너무 속상하고 짜증 나."
"어제 우리가 했던 이야기가 있어서 그런지 그 말을 들으니까 나도 너무 속상하네. 너는 어때?"

감정을 되물으면 대화가 이어지는 동시에 상대방이 진심을 표현하도록 이끌 수 있다.

심리적 안전감을 위협하는 말을 삼가라

대화가 단절되는 또 다른 이유는 심리적 안전감과 관련이 있다. 사람들이 심리적으로 안전하다고 느낄 때 대화도 자연스럽게 깊어신나. 하지만 종종 나의 말이나 상대방의 말이 심리적 안전감을 방해하기도 한다.

심리학자 에릭 에릭슨이 정립한 인간의 발달 8단계 이론의 첫 단계에도 안전감이 등장한다. 신뢰를 배우며 안전감을 성취하는 단계로, 이것이 유아의 생애 첫 2년 동안 가장 중요한 임무라고 말한다. 이처럼 안전감은 사람의 본능이다. 우리가 앞날을 전혀 예측할 수 없을 때 큰 불안과 부정적인 감정을 느끼는 것도 심리적 안전감을 얻고 싶은 본능적인 욕구가 있기 때문이다.

대화가 단절된다는 건 안전감을 침해하는 강압적인 표현이 많다는 증거다. 자주 대화가 단절되고, 상대방과 깊은 대화를 이어 나가기 힘들다면 '이렇게 해!' 같은 강압적인 표현, '너는 그래서 문제야' 같은 단정 짓기, 큰소리로 말하거나 과격한 표현으로 위협을 느끼게 하지는 않았는지 점검해 보자. 이런 표현이 알게 모르게 반복되고 있다면 상대방은 나와의 대화에 단절감을 자주 경험하고 나를 안전감을 침해하는 사람으로 인식할 수도 있다.

상대방이 선을 넘을 땐 "그건 괜찮지만 이건 불편해"

잘 알지 못하는 사람이 붙어 걷거나 가까이 다가오면 불편함을 느끼고 뒤로 물러선 경험이 한 번쯤 있을 것이다. 미국 인류학자인 에드워드 홀은 이런 불편감이 드는 이유가 우리를 둘러싸고 있는 환경에 공간이 있기 때문이라고 말한다.

공간은 네 가지 구역으로 나뉜다. 친밀한 공간, 개인적 공간, 사회적 공간, 공적인 공간이다. 지나가다가 마주치는 사람들은 공적인 공간만 공유하는 대상이다. 그들이 나의 개인적 공간이나 친밀한 공간에 들어오려고 한다면 어떨까? 가령 너무 가까이 붙어서 신체가 맞닿으면 우리는 "좀 떨어져 주세요", "불편해요"라고 표현하거나 사리를 벗어나며 자신의 공간을 지킨다.

심리적인 공간도 이와 동일하다고 말하고 싶다. 우리가 만나는 사람에 따라 공적인 공간만을 나누는 사람, 개인적 공간까지 나눌 수 있는 사람이 모두 다르다. 공적인 부분만 나누는 사람과는 버스 노선이나 길을 묻는 식의 대화 정도를 적절하게 나눌 수 있다.

개인적 공간까지 나누는 사람과는 나의 취미와 나의 기분을 공유할 만큼 친밀한 사이일 것이다. 하지만 친밀하더라도 관계를 꾸준히 쌓아 나가야 내밀한 속사정까지 공유할 수 있다. 어떤 사람들은 어느 정도 가까워지면 서로를 잘 안다고 생각하며 선을 넘기도 한다.

선 넘는 사람에게 쓰는 대화의 기술

"네 남자 친구 보니까 연애할 때 문제 있겠더라."
"너네 부모님 만나 뵈니까, 너 상처 많이 받았겠더라."
"널 보다 보니까 마음의 상처가 많은 것 같아."

아무리 친한 친구라도 민감한 문제를 건드리면 나의 경계를 침범당하는 느낌이 들어 감정이 상한다. 선을 자주 넘는 사람에게는 그가 경계를 넘었다는 것, 당신과 나는 이 정도 이야기까지만 나눌 수 있는 사이라는 것을 알려 줘야 한다. 그렇지 않으면 자신을 계속해서 상처받도록 내버려 두는 것과 같다.

상대방은 언제든 걱정과 염려라는 포장지를 이용해서 나에게 불순물을 담아 던질 것이다. 선을 넘는 상대방에게 어떤 표현으로 경고할 수 있을까?

1. 대화 주제를 나누고 선 긋기

첫 번째는 대화의 주제를 잘게 나누는 방법이다. 예를 들어 친구와 남자 친구에 대해서는 깊게 이야기해도 괜찮지만 가족에 관해 이야기하는 것이 불편하다면 대화의 주제를 제한해서 이야기하는 것이다.

A : 너 남자 친구랑 관계가 어려운 것 보니까 부모님한테 받은 상
   처가 있는 것 같은데?
B : 남자 친구 이야기하는 것은 좋은데 부모님 이야기는 하지 않
   았으면 좋겠어. 좀 불편해져.

내가 상대방과 나눌 수 있는 것, 말하면 불편한 것을 나눠서 분명하게 이야기한다. 그러면 상대방도 당신과 이야기할 때 어

떤 부분에서 조심해야 하는지 분명하게 알 수 있다.

2. 상대방 의견에 동의하지 않는 점 드러내기

상대방이 나를 평가하거나 비난하거나, 원하지도 않는 판단을 내릴 때가 있다. 그럴 땐 비난하거나 판단하는 말을 내 것으로 받아들이지 않고 '상대방만의 생각'으로 돌려주는 동시에 이것이 상대가 침범할 주제가 아니라는 것을 명확하게 전달한다. 불편감을 드러내면서 경계를 지켜야 한다.

A: 너 그렇게 하다간 앞으로 취직도 못하게 될걸?
B: 네가 이 상황을 어떻게 생각하는지 이해했어. 하지만 내 생각은 달라. 취직은 내가 알아서 고민해 볼게.

3. 우회적으로 경고하는 침묵과 권유

상대방의 말로 상처를 입고 분명하게 내 의사를 전달할 수 없을 때가 있다. 그렇다면 다른 방법으로 스스로 깨달을 수 있는 기회를 줄 수 있다.

첫 번째 방법은 침묵하며 상대방의 의도를 확인하는 것이다. 상대방의 말이 비난과 판단으로 들릴 수 있음을 알려 주는 우회적인 표현법이다.

A: 네 행동을 보니 왜 남자 친구기 널 질려 하는지 알겠다.

B: (오랜 시간 침묵)

A: 왜 아무런 말이 없어?

B: 네가 날 생각해서 하는 말인지, 날 비난하려고 하는 말인지 생각하고 있었어.

두 번째 방법은 직접 생각해 보길 권유하는 방법이다.

A: 네 행동을 보니 왜 남자 친구가 널 질려 하는지 알겠다.

B: 그 말이 나를 좀 아프게 하네. 나도 이 문제를 진지하게 생각해 볼게. 너도 네가 한 말을 진지하게 생각해 보면 좋겠어.

이 두 방법을 사용하면 상대방 때문에 상처받았다는 사실을 명확하면서 우회적으로 알릴 수 있다. 이런 우회적인 표현은 친밀한 사이라 직접적으로 경고하기가 어려울 때 사용할 수 있다. 서로의 감정을 상하지 않게 하면서 자신의 경계를 지키는 최소한의 방법이므로 꼭 기억해 두자.

대화에서 선을 넘는 사람에게 '나의 경계가 여기까지야'라고 알려 주는 일은 꼭 필요하다. 우리의 관계가 서로 상처 주며 멀어지지 않기 위해서, 또 내가 상처받고 마음의 문을 닫아 사람

을 떠나보내지 않기 위해서 말이다. 다시 말해 '마음의 안전'을
위해 쓰지만 먹어야 할 알약이란 것을 꼭 기억하자.

과격한 표현을 들을 땐
"그만큼 너에게
중요했구나"

상대방이 흥분해서 과격한 언어를 사용한다면 어떨까. "우리 관계는 최악이야", "이제 다 망했어" 같은 말을 들으면 그 감정에 압도돼 격한 말로 반응하게 된다. 그러다 대화가 점점 더 꼬인 경험이 한 번쯤 있을 것이다.

A: 이럴 때 내 기분 완전 최악이야.

B: 최악? 네가 데이트 코스 정한다면서 똑바로 알아보지 않고 문 닫은 가게 온 게 내 탓이야?

A: 그래, 다 내 탓이다. 다 최악이다. 휴.

B: 됐다. 나도 기분 다 망했어. 집에 갈 거야.

B는 '최악'이라는 말에 감정이 상해서 A를 공감해 줄 수 없었고 둘은 자신의 마음을 방어하기 위해 상대방을 공격하기 바쁘다. 감정은 서로의 마음을 연결하는 중요한 역할을 하지만 표현이 과격해지면 불통의 원인이 되기도 한다.

감정에 취약한 사람은 자신의 불편감을 어떻게 전달해야 할지 모른다. 그의 과격한 언어는 자신의 마음을 알아 달라고 외치는 것과 같다. 이때 우리가 상대방의 휘몰아치는 감정에 반응하면 어떻게 될까? 감정의 토네이도에 휘말려 이성적인 대화와 더욱 멀어질 것이다.

과격한 표현 뒤에 숨은 본심을 끄집어내기

상대방이 과격한 표현을 자주 사용한다면 앞서 언급한 '나를 비난할 때', '상대방이 선을 넘을 때'와 마찬가지로 대화를 제한할 필요가 있다. 하지만 평소에 과격한 표현을 자주 사용하지 않는 사람이 유독 특정한 상황에서 과격한 표현을 쓴다면 본심과 말이 다를 수 있다. 그러므로 속뜻을 헤아려 보며 감정적으로 미숙한 사람의 내면을 들어 주는 것이 도움이 된다.

과격한 표현 자체에 집중하기보다는 그 뒤에 숨은 본심을 헤아리며 '그럴 만한 이유가 있을 것이다'라는 태도를 취하는 것이다. 그러면 상대방도 자신의 본심을 표현할 수 있게 된다.

A: 이럴 때 내 기분 완전 최악이야

B: 최악이라고? 음, 그렇게까지 느꼈을 만한 이유가 있을 것 같은데.

A: 맞아. 내가 오늘 데이트 코스 준비하느라 얼마나 고생하고 노력했는데 문 닫고 음식도 맛이 없고 진짜 짜증 나. 다 망했어.

B: 다 망했다고 느껴질 만큼 속상하다는 건가?

A: 그래. 너랑 좋은 시간을 보내고 싶었단 말이야.

B: 그렇네. 열심히 준비했는데 문도 닫고 속상한 마음이 들겠어. 그래도 나를 위해 이렇게 마음을 써서 준비했다는 것 자체가 나는 감동이야.

A: 그래? 휴, 다음번에는 좀 더 잘 알아보고 준비해 볼게. 미안해.

상대방이 과격한 말을 내뱉는다는 건 자신을 괴롭히는 감정을 알아주길 바란다는 신호다. "그렇게까지 말하는 걸 보니 너한테 중요한 일이구나"라는 말은 상대방의 본심으로 들어가 과격한 말의 불씨를 꺼트린다. 상대방이 진심을 말할 수 있도록 안내해 주는 역할을 하는 것이다.

마찬가지로 내가 과격한 표현을 하고 싶어질 때도 같은 방식으로 표현할 수 있다. 과격한 표현만 이야기하기보다는 그 과격함을 표현할 만큼의 감정을 함께 전한다. 그러면 과격한 표현 때문에 서로의 마음을 오해하는 일을 줄일 수 있다.

"나 지금 너무 최악이라고 느낄 만큼 속상해."
"다 망했다고 생각될 만큼 좌절스러워."
"모든 게 끝난 것처럼 허무해."

과격한 표현을 하는 사람을 대하는 또 다른 방법은 느리게 말하는 방법이다. 이것은 솟아난 감정을 한풀 꺾는 데 도움이 된다. 과격한 감정이 전염되듯이 말의 속도를 줄이며 따뜻한 어조로 말한다면 그 침착함이 상대방에게 옮겨질 수 있다. 그러면 과격한 표현과 감정이 줄어들 것이다.

B1: 음, / 다 / 망했다고 / 느껴질 만큼 / 속상하다는 / 건가?
B2: 음, / 그렇게 / 까지 / 말하는 / 이유가 / 있을 / 것 / 같은데.

단어 사이사이에 간격을 두고 천천히 읽어 보자. 단어 사이에 침묵의 공간을 활용하면 상대방이 나의 말을 들으면서 자신의 감정을 가라앉힐 수 있고, 침착하고 따뜻한 감정을 전달받을 수 있다. 그래서 스스로를 진정시킬 수 있는 시간을 허락해 줄 수 있다.

불만을 들을 땐
"어떨 때
그렇게 느껴져?"

"내 말을 더 잘 들어 주면 좋겠다."
"나를 더 사랑해 줘."
"너 좀 의심스러워."

상대방이 이렇게 불만을 표현하면 어떤 느낌이 드는가? 말의 의도와 뜻이 분명하지 않아 반발심이 생길 수 있다. 이처럼 명확하지 않은 표현들 탓에 오해가 생긴다. 이것이 상대방과의 관계에서 서운함이나 불만을 이야기하다가 종종 싸움으로 번지는 이유다. 용기를 내서 마음을 표현했는데 추상적인 언어로 표현한 탓에 함께 문제를 해결하고 싶은 건지, 상대를 비난하려는 건지 목적이 잘 드러나지 않아 다툼으로 쉽게 변질된다.

불만을 이야기할 땐
좋은 점도 함께 털어놓기

이런 불상사를 막기 위해 불만을 듣거나 표현할 때 적용할 수 있는 언어 기술을 살펴보자. 먼저 불만을 표현할 때는 불평하기보다는 요청하기가 효과적이다.

불평하기 : 너만 일하느라 바빠? 나도 일하잖아. 그런데 나는 틈틈이 너한테 연락하잖아. 너는 왜 그래?

요청하기 : 오늘 네 연락을 기다렸는데, 바빠서 연락을 주지 않으니까 답답하고 걱정됐어. 바빠서 전화를 할 수 없다면 내가 그 상황을 이해할 수 있게 문자를 남겨 줘.

또한 불만을 이야기할 땐 상대방이 잘하고 있는 점을 함께 이야기하는 것이 좋다. 쿠션 효과가 있기 때문이다. 불만을 이야기하고 싶다면 상대방에게 고마운 부분, 상대방이 노력하고 있는 부분을 먼저 언급하자. 그러고 나서 고쳐 주길 바라는 점을 함께 전한다. 그러면 상대방은 수치심을 느끼기보다는 불만을 말하는 사람의 욕구와 마음을 이해하게 된다.

"내가 이야기하자고 했을 때 '다음에'라고 미루지 않고 '그래 이야기해 봐'라고 들으려 해 줘서 좋았어. 그런데 내가 이야기할 때 눈을 보지 않으면 내 마음이 잘 전해지는지 확인할 수가 없어서 답답하고 이야기가 길어질 것 같단 말이야. 대화할 때 눈을 좀 봐 주면 좋겠어."

상대방의 불만을 잠재우는 부드러운 물음들

반대로 상대방이 나에게 불만을 이야기할 때도 있다. 이때 상대방이 추상적인 표현을 쓰거나 비난하는 형식을 취하면 어떨까? "내가 언제?", "넌 안 그랬어?", "내가 매번 그런다고?" 같은 말들로 되받아치고 싶어질 것이다.

하지만 이런 태도는 갈등을 부른다. 상대방이 불만을 표현했다는 것은 당신이 이것을 받아들여 줄 것이라는 신뢰가 있기 때문이기도 하다. 그러므로 그 신뢰를 기반 삼아 상대가 왜 이런 불만을 이야기하는지 궁금해하는 태도로 말해 보자.

이 방식을 솔루션 포커스라고 부른다. "왜 그랬어?", "왜 그런 말을 해?"라고 비난하는 이유를 찾는 것이 아니라, 서로 불만이 생겼다면 우선 이 갈등을 해결하기 위한 방법을 먼저 생각하는 것이다.

가령 물을 쏟았을 때 "너 왜 물 쏟았어?"라고 하면 상대방이 방어적인 태도를 취할 것이다. 하지만 이 상황을 어떻게 해결할지를 먼저 생각하면 어떨까? 물을 닦아 주고, 도움이 필요하면 직원에게 수건을 가져다 달라고 요청하는 등 문제를 해결하기 위한 태도를 취하는 것이다.

나아가 상대방이 추상적으로 불만을 토로했다면 조금 더 구체적으로 되물으며 말의 의도와 목적을 분명하게 전할 수 있도록 한다.

A: 내 말을 더 잘 들어 주면 좋겠다.

B: 내가 어떻게 행동하면 네 말을 더 잘 듣고 있다고 느껴질 것 같아?

A: 나를 더 사랑해 줘.

B: 사랑해 달라고 했는데 어떻게 해야 사랑받고 있다고 느끼는지 구체적으로 말해 주면 좋겠어.

A: 너 좀 의심스러워.

B: 내가 어떤 행동을 할 때 의심스러웠어? 내가 이해할 수 있도록 좀 설명해 줘.

구체적 표현으로 물어보면 상대방이 정말 하고 싶은 이야기가 무엇인지 알 수 있다. 또한 서로를 비난하는 대화로 빠지는 불상사를 막아 준다. 나아가 서로 대화하면서 자신이 상대방에게 어떤 말을 듣고 싶고 어떤 행동을 바라는지 명확하게 이해할 수 있고 이를 표현하면서 관계는 더욱 깊어질 것이다.

고마움을 표현할 땐
"덕분에 내가
힘이 나"

우리는 서운하거나 속상한 마음을 표현하기 어려워한다. 그런데 고마운 마음을 어떻게 표현해야 할지 몰라서 관계가 깊어질 기회를 놓치는 경우도 많다.

누군가의 말과 행동이 자신의 마음에 좋은 영향을 줄 때 흔히 "고마워", "감사합니다"라고 이야기한다. 그런데 고맙다는 말 대신 "너는 정말 훌륭해", "진짜 똑똑하다", "대단하다" 등의 표현으로 고마움을 대신하고자 하는 사람들도 있다.

그런데 이런 표현들은 상대방의 말과 행동을 판단하는 표현임을 기억해야 한다. 누군가의 고민을 들어 주고 문제를 함께 해결하기 위해 애썼던 노력에 대해서 "똑똑하다", "대단하다"라고 말한다면 의도는 칭찬일 수 있지만 듣는 사람은 평가받는 기분이 들 수 있다. 특히 성품이나 인격을 과도하게 칭찬하다 보면 상대방이 거부감을 느낄 수도 있다.

A: (B의 고민을 듣고 해결책을 제안하는 상황)
B: 야, 너 진짜 똑똑하다! 너 완전 해결사네 해결사.

A: 진짜 힘들었겠다. 그럴 땐….
B: 와, 넌 항상 나를 걱정해 주네?

A: 내가 준 편지 어땠어?
B: 너 완전 시인이던데? 좋았어.

이런 표현들이 칭찬과 고마움으로 포장된 판단이다. 이런 표현을 들은 상대방은 '해결사가 무슨 의미지?', '내가 항상 걱정하는 사람은 아닌데', '내가 시인까지는 아닌데'라고 생각하게 되면서 오해가 생길 수 있다. 의도가 좋더라도 부정적인 감정을 느낄 수 있는 것이다.

평가는 금물
'내'가 느낀 점을 전달하기

고마움을 전할 땐 상대방의 행동이 나에게 어떤 도움을 줬는지 '나'를 주제로 표현하는 것이 훨씬 효과적이다. 표현해야 할 것은 구체적으로는 세 가지다. 첫 번째, 상대방의 어떠한 행동으로 인해 내가 좋은 감정을 느꼈는지 표현한다. 두 번째, 그로 인해서 나의 어떤 부분이 해결됐는지 표현한다. 세 번째, 내가 느낀 좋은 감정은 무엇이었는지 표현한다.

A: (B의 고민을 듣고 해결책을 제안하는 상황)
B: 내 일처럼 이야기를 들어 주고 해결책도 생각해 줘서 고마워. 혼자 고민하면 시간이 많이 걸렸을 텐데 생각이 정리된 것 같아. 그래서 안심이 되고 불안하지 않게 됐어.

A: 진짜 힘들었겠다. 그럴 땐….
B: 그렇게 말해 주니까 정말 위로가 되네. 내 힘든 마음을 아무에게도 이해받지 못할까 봐 걱정됐거든. 정말 고마워.

A: 내가 준 편지 어땠어?
B: 읽으면서 네가 나에 대해서 느끼는 감성들을 깊이 알 수 있어

서 고마웠어. 편지 덕분에 네 마음도 잘 알게 되고 우리 사이에 대한 믿음이 커졌어.

덧붙여 과거의 고마운 일, 표현하고 싶었지만 놓쳐 버린 지난 시간들에 대한 고마움도 연이어 이야기해도 좋다.

"그러고 보니 예전에도 이런 순간에 네가 항상 함께였던 것 같은데 그때도 참 힘이 됐어."

"내가 힘들 때마다 항상 같이 고민해 주는 네가 나에겐 참 든든하고 얼마나 위로가 되는지 몰라."

상대가 베푼 호의를 구체적으로 알아주고 그 덕분에 생긴 좋은 감정을 솔직하게 전하자. 그러면 기쁜 감정도 왜곡 없이 나눌 수 있다.

고마운 마음을 표현하는 목적은 상대방에게 나의 마음을 선물처럼 전하기 위해서다. 관계에서 느껴지는 좋은 감정을 스스로 알아차리고 표현하면 이 소중한 순간을 사진처럼 기억할 수도 있다. 이런 긍정적인 순간들이 우리 삶을 살 만한 삶, 가치 있는 삶으로 만들어 주는 게 아닐까?

바라는 게 있을 땐 "이렇게 말해 주면 좋겠어"

옥스퍼드대학교의 임상 심리학 교수인 마크 윌리엄스는 《8주, 나를 비우는 시간》에서 상대방과의 힘겨루기를 피하면서도 서로 원하는 것을 얻을 수 있는 지혜를 소개한다.

"그리스의 작은 섬에서 여행객이 어떤 광경을 목격했다. 어린 소년이 집에서 키우는 당나귀를 움직이려고 애쓰는 광경이었다. 야채를 당나귀 등에 실어 날라야 했던 소년은 조심스럽게 당나귀 등에 웅구를 올렸다. 그런데 당나귀는 도통 움직이지를 않았다. 점점 약이 오른 소년은 당나귀를 정면으로 마주 본 상태에서 힘껏 줄을 잡아당기며 소리쳤다. 그렇지만 당나귀는 더

욱 세게 땅에 발굽을 박으며 버텼다. 만약 소년의 할아버지가
이 광경을 목격하지 않았더라면 소년과 당나귀의 줄다리기는
한동안 계속됐을 것이다.

소란스러운 소리를 듣고 집 밖으로 나온 할아버지는 당나귀
와 소년 사이에 끝날 것 같지 않은 전쟁이 벌어진 것을 한눈에
알아봤다. 할아버지는 손자가 쥔 줄을 부드럽게 넘겨받고는 미
소를 지으며 이렇게 말했다.

'당나귀가 말을 듣지 않을 때는 이렇게 해 보렴. 우선 손에 가
볍게 줄을 쥐고 당나귀 옆에 바짝 붙어 서는 거야. 그런 다음 네
가 가고자 하는 방향을 바라보렴. 그러고는 기다리는 거야.'

소년은 할아버지가 가르쳐 준 대로 했다. 그러자 얼마 지나지
않아 당나귀가 앞으로 걷기 시작했다. 소년은 기뻐하며 웃음을
터트렸고 여행객은 소년과 당나귀가 행복하게 길을 가는 모습
을 지켜봤다."

우리도 관계에서 원하는 목적을 이루기 위해 이야기 속 소년
처럼 사람들과 힘겨루기를 하곤 한다.

"남자 친구면 당연히 내 요구를 들어줘야지."
"나에게 그렇게 나오면 너한테 좋을 것 없을걸?"

"나한테 그런 식으로밖에 말 못 해?"

이런 표현들이 밀고 당기기, 힘겨루기 표현에 해당한다. 그러다 상대방이 자신의 의도대로 따라 주지 않거나 소통하고 싶지 않다는 의사를 보이면 실망감을 느끼며 관계를 끊어 버리기도 한다. 그러나 힘겨루기는 어느 한쪽도 승자가 될 수 없다. 오히려 힘을 겨루는 동안 많은 에너지를 소모한 탓에 관계는 점점 지쳐 간다.

관계는 피드백으로 변한다

힘겨루기를 하지 않고 서로가 원하는 것을 얻으며 돈독한 관계가 되는 해답은 이야기 속 할아버지의 행동에 있다. 당나귀 옆에 바짝 붙어서 가고자 하는 방향을 바라본 할아버지처럼 상대방과의 대화에서 내가 가고자 하는 방향을 먼저 표현하는 것이 돈독한 관계로 가는 해답이다.

만약 상대방과 지금보다 더 가까운 관계가 되고 싶다면 상대방에게 친밀감이 느껴질 때마다 이렇게 표현해 보자.

"너랑 이런 이야기를 나누니까 더 친밀하게 느껴져."

"네가 이렇게 내 마음을 알아주고 공감해 주려고 노력할 때 참 좋은 친구라고 느껴."

상대방의 반응이나 말투가 마음에 들지 않을 때도 이 방법을 적용할 수 있다. 내가 원하는 방향이 아닐 땐 반응하지 않다가 우리의 관계가 돈독해지고 있을 때 과거의 행동을 살짝 언급하며 현재의 변화된 행동을 힘껏 알아차려 주는 것이다.

"지난번에 내가 힘들다고 할 땐 '다들 그렇지'라고만 해서 좀 서운했거든? 그런데 오늘은 '힘들었겠다'고 내 눈을 보고 이야기해 주니까 정말 위로가 많이 됐어."

이런 화법을 사용하면 빠르고 안전하게 친밀한 사이로 발전할 수 있다. 상대방으로부터 내가 더 풍성하게 누리고 싶은 표현과 행동이 관찰될 때마다 그것을 놓치지 말고 포착해서 표현하자. 상대의 조그마한 긍정적인 변화도 민감하게 알아차리고 그것이 나에게 어떤 의미로 다가오는지 충분히 전달한다면 상대방 역시 당신이 자신의 말과 행동에 늘 관심을 갖고 있음을 알아차릴 것이다.

더불어 상대방의 말과 행동이 당신을 행복하게 만들어 준다
는 확신이 쌓인다. 그러면 대화에서 긍정적인 표현이 많아질 뿐
만 아니라 서로 행복한 관계를 위해 어떤 노력을 해야 하는지
구체적으로 생각할 것이다.

상대방을 믿고
원하는 것을 요구하라

가족체계치료 이론에 따르면 가족의 분위기와 가족 문화는
단 한 사람의 노력으로도 충분히 바뀔 수 있다고 한다. 한 명이
라도 올바른 의사소통 방법을 배우고 실천한다면 가족 전체의
소통 방식에 변화가 일어나는 것이다. 이렇게 한 명이 가족 전
체의 변화를 이끌 수 있다면 일대일 관계에서 한 명의 영향력은
더욱 클 것이다.

그러므로 당신이 상대방에게 원하는 모습이 있다면 먼저 그
모습을 표현해 보자. 우선 상대방과 자주 나누고 싶은 대화 주
제, 상대방에게 듣고 싶은 말을 기록한다. 그리고 그 말을 내가
먼저 해 보는 것이다. 긍정적인 말, 행동, 감정이 서로에게 익숙
해지도록 관계의 분위기를 형성해 간다면 힘겨루기를 하지 않
고도 자연스럽게 돈독함과 친밀함이 넘치는 관계로 나아갈 수

있다.

관계가 돈독해지려면 자신이 원하는 것을 분명하게 요구하고 표현해야 한다. 사람마다 돈독함을 느끼기 위한 행동이 모두 다르기 때문이다. 어떤 사람은 선물을 주고받을 때 친밀감을 느낀다. 어떤 사람은 따뜻한 눈길을 경험할 때, 어떤 사람은 자유를 보장해 줄 때 자신을 더욱 아낀다고 느낀다. 소통이 돼야만 서로가 원하는 친밀감을 느낄 수 있고 사이가 발전될 수 있다.

친밀감을 원한다면 상대방이 나에게 어떻게 해 주길 바라는지 정확하게 전하는 의사소통 기술이 필요하다. 무엇이 자신을 행복하게 만드는지, 어떤 위로를 받고 싶은지, 어떨 때 깊이 연결된 느낌을 받는지 자세하게 표현해 보자.

"우리가 만난 지 1주년이 되는 날에 꽃 한 송이를 사다 주면 나는 행복할 것 같아."

"내가 오늘 힘든 이야기를 나누고 싶은데, 내 눈을 보면서 잘 들어 주면 위로가 될 것 같아."

"내 말을 들으면서 고개를 끄덕여 줄 때 나는 이해받는다고 느껴."

"다음부터는 이럴 때 '네 마음은 어때?'라고 먼저 물어봐 주면 나를 신경써 준다고 생각될 것 같아."

욕구를 표현하지 않는 것은 자신의 감정과 욕구를 무시하는 것과도 같다. 동시에 그것을 수용하고 이해해 줄 수 있는 상대방의 능력을 과소평가하며 신뢰하지 않는 것과 같다. 앞서 언급한 방법들처럼 내 욕구를 구체적으로 표현하면 상대방은 당신의 말을 이해해 주며 관계는 더욱 깊이 연결될 것이다.

요청이 구체적이지 않다면 상대방이 나와의 관계 증진을 위해 할 수 있는 일이 적어진다. 직접적으로 요청하기가 어렵다면 "이럴 땐 고생했다고 말해 주면 좋을 텐데"라며 넌지시 소망을 내비치는 것도 좋다. 자신의 욕구를 아예 말하지 않는 것보다는 훨씬 도움이 될 것이다.

관계가 친밀해질수록 바라는 마음도 커져 간다. 하지만 '당연히 이렇게 해 줘야지', '이럴 땐 위로해 주는 게 정상 아니야?' 등 당연하다는 생각은 힘겨루기를 하게 만든다. 이런 사람의 입장에서는 당연히 누려야 하고, 당연히 줘야 하는 것들을 받지 못해서 감정적으로 상처를 입었기 때문이다. '당연한 것 아니야?'라는 생각이 들고 힘겨루기가 시작될 것 같다면 스스로에게 물어보자.

'이런 순간에 저 사람이 어떤 말을 해 주면 좋을까?'

'상대방이 어떤 행동을 해야 내가 사랑받는다고 느낄까?'

내가 무엇이 필요하고, 어떤 욕구가 채워지길 바라는지 주의
를 기울이면서 표현해 보자. 돈독한 관계를 위해 무엇을 나누고
소통해야 할지 그 해답을 얻을 것이다.

중요한 이야기를 나눌 땐 "요약해 줄래요?"

상대방에게 중요한 이야기를 해야 할 때가 있다. 주로 갈등이나 문제 상황에 대한 이야기, 서로의 채워지지 않는 욕구나 소망에 대한 주제일 수 있다. 사람들은 자신에게 중요한 주제일수록 상대방에게 원하는 반응이 나오길 기대한다. 내가 원하는 방식으로 사과해 주고 해결해 주길 바란다.

하지만 자신이 생각하는 것만큼 상대방에게도 이 주제가 의미 있고 중요하면 좋겠지만 그렇지 않을 수도 있다. 중요성이 충분히 전달되지 못하면 상대방은 일상적인 대화를 나누듯 대수롭지 않게 반응할 수도 있다.

이때 상대방에게 자신의 말이 잘 받아들여지고 있는지 확인해야 한다. 이런 확인 작업은 대화로 생길 수 있는 오해를 줄이고 상대방이 자신의 말에 더 몰두하도록 도와준다.

잘못된 기대, 잘못된 믿음, 잘못된 생각은 왜 생길까?

상대방으로부터 이해받을 수 없을 거라는 생각은 왜 생기는 걸까? 첫 번째 이유는 나의 기대 때문이다.

'지난번에 남자 친구가 나한테 말실수한 일에 대해서 이야기를 나눠 봐야겠다. 내가 솔직하게 말하면 남자 친구도 내 마음을 이해하고 사과하겠지?'

'친구한테 서운한 것 이번에 꼭 이야기해야지. 평소에 서운한 것 있어도 이야기 잘 안 하는 내가 이렇게까지 말하는데, 잘 들어 주겠지?'

대화에서 '상대방이 이렇게 반응해 줄 거야'라는 기대를 가지면 부작용이 있다. 상대방의 반응이 자신이 생각한 것과 달리 싸늘하거나 대수롭지 않게 여기는 것처럼 보일 때 훨씬 큰 실망과 좌절감을 느끼는 것이다. 그러면 갈등은 커진다.

두 번째 이유는 자신이 상대방의 마음을 독심술사처럼 꿰뚫어 볼 수 있다는 믿음 때문이다.

'쟤는 저렇게 듣는 걸 보니 내가 하는 이야기들이 별 의미가 없다고 생각하는구나'라고 추측하는 것이다.

세 번째 이유는 상대방이 자신을 사랑하지 않거나 중요하게 생각하지 않는다는 재앙적인 인지 오류 때문이다.

이런 잘못된 생각은 상대방에게 자신의 중요한 이야기가 잘 받아들여지려면 자신의 노력도 필요하다는 것을 간과하게 만든다. 내 감정을 정돈하고, 상대방에게 적절한 질문을 던지며 반응을 확인하는 등의 과정을 시도하지 못하는 것이다.

중요하다는 신호를 보내고 알아들었다는 신호를 확인하라

그렇다면 중요한 이야기를 나눌 땐 어떻게 말을 꺼내야 할까? 첫 번째로는, 대화 전에 먼저 신호를 주는 방법이다.

"있잖아, 내가 지금 우리 관계에서 굉장히 중요한 이야기를 하려고 해."

"내가 최근에 생각을 했는데, 이 부분은 너랑 이야기해 보는 것이 중요하다고 생각해."

상대방이 나의 이야기를 들을 마음의 준비를 하고 집중할 수 있도록 미리 알려 주는 것이다. 비행기가 착륙 전, 이륙 전에 안내 방송을 하듯이 중요한 이야기일수록 사전에 안내해 줘야 상대방도 그에 맞는 감정을 준비할 수 있다.

"얘기하다 보니 생각나서 하는 말인데"라고 갑작스럽게 중요한 이야기를 꺼내거나 "근데 이것보다 하고 싶은 이야기가 따로 있는데, 우리 저번에 싸운 것 있잖아"라며 지금까지 나눴던 대화와 전혀 다른 화제를 꺼내면 상대방은 아무런 마음의 준비도 하지 못한 채 당황할 것이다.

안내 방송이 나오면 기내가 조금 흔들리더라도 '착륙하는 중이라서 그렇구나' 하고 이해할 수 있다. 마찬가지로 '지금부터 내가 할 이야기는 중요한 이야기야'라고 말하면 설령 감정적인 반응이나 말실수가 있더라도 상대방이 자신을 더 잘 이해할 수 있게 된다.

또 하나는 중요한 이야기를 하면서 상대방이 잘 듣고 있는지 확인하며 듣는 방법이다.

"제 이야기를 어떻게 이해했는지 다시 말해 줄 수 있어요?"

"방금 내가 한 말을 네가 이해한 대로 이야기해 줘."

"내가 한 말을 요약해 줄 수 있어? 내가 중요한 걸 빼먹거나 네가 잘못 이해했는지 확인할 수 있을 것 같아."

다시 물어보며 상대방이 잘 듣고 이해하고 있는지 적응적인 방법으로 확인하는 과정은 대화의 흐름을 유지하는 데 도움이 된다.

이런 물음을 하지 않은 채 상대방이 오해했을 때 "내가 그 말을 하는 게 아니잖아" 또는 "왜 내가 말하는데 그렇게 들어?", "왜 그런 자세로 들어?", "별로 중요하지 않다는 거지?"라고 비난한다면 관계는 나아지지 않는다. 이런 비난보다는 상대방이 대화에 집중하며 생각을 정리하며 들을 수 있도록 도움을 주는 것이 좋다.

마지막으로 상대방에게 이해받고 있다고 느낄 땐 상대방의 말과 행동을 지지해 주자.

"내가 너무 길게 말한 것 같은데 끝까지 들어 줘서 고마워."

"네가 내 마음을 정확히 이해한 것 같아."

"이렇게 내 마음을 알아주려고 노력하니 안심이 된다."

그러면 상대방은 당신의 이야기를 더욱 진중하고 의미 있게 받아들일 것이다. 뿐만 아니라 말하는 사람도 상대방에게 이해받고 있다는 느낌을 한 번 더 확인하면서 관계는 더욱 친밀해질 것이다.